Knabberchen, der Hamster

von Janet und John Perkins
Illustrationen von Gillian Gaze

Gesamtband

Verlag der
Francke-Buchhandlung GmbH
Marburg an der Lahn

CIP-Kurztitelaufnahme der Deutschen Bibliothek

Perkins, Janet:
Knabberchen, der Hamster / von Janet u. John Perkins. [Dt. von Rina Ben-Ari]. –
Gesamtbd. – Marburg an d. Lahn : Francke, 1986.
(Telos-Bücher ; Nr. 3853 : Telos-Kinderbuch)
Einheitssacht.: Haffertee hamster diamond ‹dt.›
ISBN 3-88224-501-8
NE: Perkins, John: GT

ISBN 3 88224 501 8

Originaltitel: Haffertee Hamster Diamond
Deutsch von Rina Ben-Ari
Gesamtherstellung:
St.-Johannis-Druckerei C. Schweickhardt
7630 Lahr-Dinglingen
Printed in Germany 22426/1986

Inhalt

Es begann damit, daß Monis kleiner Hamster starb. Um sie zu trösten, hat Mama Berger einen Hamster aus Stoff gemacht. Der neue Hamster Knabberchen entpuppte sich als lustiges Kerlchen. Von seinem Heim in Monis Schlafzimmer, das er mit der Eule Kullerauge teilte, entdeckte er Bergers Haus und lernte die Familie kennen: Mama und Paps Berger, Monis Brüder Uwe und Karlchen und die Schwester Inge.

Knabberchen, der neue Hamster

Knabberchen, der Hamster, war tot.
Moni war so traurig. Warum ließ ihn der liebe Gott sterben? In der Schule war es schrecklich; aber nach Hause zu gehen, war noch schlimmer.
Dort stand der leere Käfig . . . Das Rad darin lief nicht mehr . . . und Knabberchen lebte nicht mehr. Gab es noch etwas Schlimmeres auf der Welt? Konnte sie überhaupt jemals wieder nach Hause gehen? Moni war so traurig.
Doch sie ging wieder nach Hause, zum leeren Käfig und zum stillgelegten Rad. Die Tränen begannen zu kullern. Kein Knabberchen mehr!
Der kleine, flauschige, rötlich-weiße Kerl, den sie einst vor ein paar Wochen aus der Zoohandlung mitgebracht hatte, war tot.

Sie erinnerte sich noch deutlich an das Zoogeschäft. Unzählige Käfige mit Tieren gab es dort zu sehen. Und in einem dieser Käfige saß ein Hamster und knabberte an den Stangen.

»Oh, ich möchte diesen Hamster haben«, hatte Moni gebettelt. »Er soll Knabberchen heißen und es gut bei mir haben.« Mama, Paps und der liebe Gott meinten es gut an jenem Tag. Doch nun war Knabberchen tot. Moni war untröstlich.
Mama war zu Hause. Sie legte ihren Arm zärtlich um Monis Schultern und sagte: »Guck mal, was ich da habe.«
Moni blinzelte durch die Tränen.
Was für ein kleiner, lustiger Kerl! Rotbraun und weiß.

Er sah beinahe lebendig aus. Die schwarzen Schnauzhaare schienen zu zucken und Moni meinte, ein Lächeln über sein Gesicht huschen zu sehen.
»Das ist der neue Hamster Knabberchen«, erklärte Mama. »Er ist gerade fertiggeworden. Es ist nur ein Stoffhamster. Er gehört dir. Hab' ihn lieb.«
Monis Gesicht hellte sich auf. Sie lächelte und streckte die Hände aus. Wie weich der neue Hamster war! Wie kuschelig! Sie kitzelte ihn an seinen Schnurrbarthaaren und zupfte an seinen Ohren.
»Knabberchen«, flüsterte sie, »du bist ein süßes Knabberchen.«

Die Tränen waren versiegt. Moni rannte mit Knabberchen durch das ganze Haus und zeigte ihn überall. Die Zeit verging wie im Flug. Schon hieß es, nach Bettenhausen gehen.
Knabberchen erhielt einen ganz besonderen Platz in Monis Kissenbezug. Sein Kopf mit den zitternden Schnurrbarthaaren guckte noch gerade heraus. Oh, Knabberchen fühlte sich so wohl!

Als Moni und Knabberchen im Bett lagen, begann Moni zu singen:

»Ich habe einen kleinen Freund,
Knabberchen, Knabberchen.
Er schläft bei mir im warmen Bett,
Knabberchen, Knabberchen.
Lieber Gott, ich danke dir
für meinen kleinen Freund.«

»Was für ein wunderschönes Lied«, dachte Knabberchen und kuschelte sich tiefer in das Kissen.
Was für ein wunderschönes Lied!

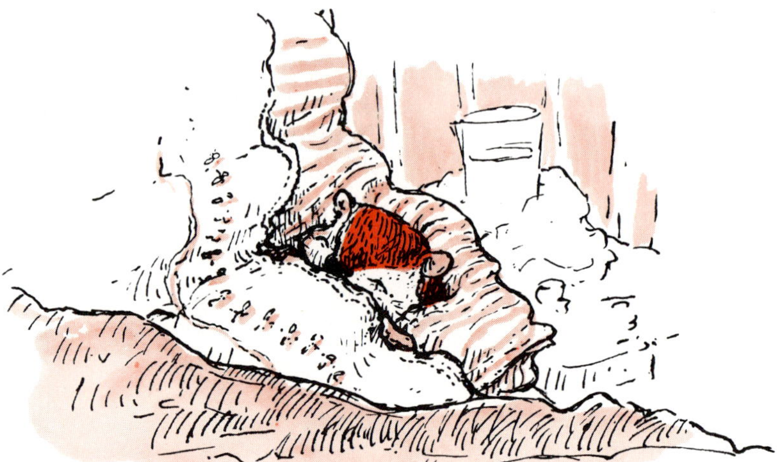

Knabberchen findet einen Freund

Knabberchen fühlte sich wohl. Er hatte einen warmen weichen Platz zum Schlafen in Monis Kissenbezug, und er gehörte jemandem. Oh, Knabberchen war glücklich.
Und was für ein wunderschönes Haus! Moni hatte ihm alles gezeigt: die Garage, die Küche, die Schlafzimmer und die Dachkammer.
Es war so lustig, wenn Moni ihn am Schnurrbart kitzelte und an den Ohren zupfte. Knabberchen fühlte sich so richtig glücklich und wollte schlafen.
»Schschschsch . . . Aaaahhhhh . . .
Tuwit, tuwu . . .«
»Was war denn das?«
»Tuwit, tuwu.«
»Was war denn das?«

Knabberchen begann sich plötzlich zu fürchten. Er krabbelte so tief ins Kissen, wie er konnte.
Eine Eule. Konnte es eine Eule sein? Eulen hatten krumme Schnäbel und scharfe Klauen. Doch es klang nicht so gefährlich. Es tönte ganz lieb.

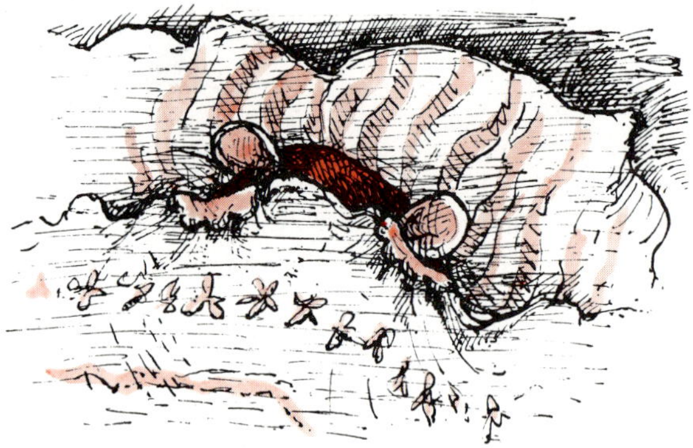

»Ich bin hier oben«, sagte eine tiefe Stimme. »Ich sitze auf dem Brett über der Tür.«
Es war eine sehr tiefe Stimme. Knabberchen erstarrte. Er strengte sich an, um etwas zu sehen. Und dort oben, auf dem Brett über der Tür war . . .
Eine Eule! Eine große Eule! Eine große, braune Eule!
Oh! Knabberchen schluckte. »Hallo, ich bin . . .«, seine Stimme versagte.
»Hallo«, sagte die tiefe Stimme. »Ich bin die Eule Kullerauge. Gehörst du zur Familie?«
»Ja«, quietschte Knabberchen und fühlte sich schon ein bißchen besser. »Ich bin erst heute angekommen.«
»Herzlich willkommen«, sagte die Eule langsam. »Herzlich willkommen im Haus von Bergers. Du brauchst dich vor mir nicht zu fürchten. Wir sind hier alle Freunde. Es wird mir eine Freude sein, jemanden

zum Plaudern zu haben. Ich werde dich gern herumführen und dir alles zeigen.« Die Eule rollte ihre großen Kulleraugen und nickte langsam mit dem Kopf. »Was für ein großer Vogel«, dachte Knabberchen. Er kroch noch ein bißchen aus seinem Versteck hervor, um sie besser sehen zu können.
»Was tust du dort oben?«, fragte er nach einer Weile.

Die Eule saß einen Augenblick still. Dann antwortete sie. »Ich sitze hier auf dem Brett und bin ganz still. Ich denke nach, ich beobachte – und dann weiß ich es.«
»Was weißt du denn?«, fragte Knabberchen verwundert.
»Ich weiß, was los ist«, antwortete die Eule.
Knabberchen schaute nachdenklich vor sich hin und wiegte seinen Kopf. Er versuchte, alles zu begreifen. Dann bedankte er sich sehr höflich bei der Eule Kullerauge für ihr Stillsitzen und Nachdenken und verkroch sich wieder in den Kissenbezug. Wenn die Eule so weise war und wußte, was los war, würde sie ein guter Freund sein; ja, ein sehr guter Freund sogar.

Knabberchen und das Schnittmuster

Als Knabberchen am nächsten Morgen erwachte, schaute er sich zuerst nach seiner neuen Freundin Kullerauge um.
Sie saß mit geschlossenen Augen auf dem Regal über der Tür. Knabberchen sah sich um. Auf dem Boden lag ein Blatt Papier. Darauf waren merkwürdige Zeichnungen. Auf einer Seite konnte er seinen Namen lesen, der in großen schwarzen Buchstaben geschrieben stand.

HAMSTER KNABBERCHEN BERGER

»Komisch«, dachte Knabberchen und kroch aus dem Kissen, um die Sache näher betrachten zu können.

Er hob das Blatt auf, betrachtete es von rechts, dann von links und von unten.
Von links gesehen, sah es genau so unverständlich aus wie von rechts. Und von unten sah es noch viel rätselhafter aus.
»Was ist denn das?«, murmelte er halblaut. Er dachte,

daß er nur halblaut vor sich hin gemurmelt hätte. Er hatte Kullerauge nicht vom Regal flattern hören. Eine tiefe Stimme hinter ihm ließ ihn vor Schreck aufspringen.

»Das ist ein Schnittmuster«, belehrte ihn Kullerauge.

»Aha«, antwortete Knabberchen. Er hatte keine Ahnung, was ein Schnittmuster ist.

»Das sind die Bilder, die Mama Berger benutzte, um dich zu machen. Sie hat sie ausgeschnitten und dich dann zusammengenäht.«

Das fand Knabberchen seltsam. Die Idee, ausgeschnitten und zusammengesetzt zu sein, war wirklich seltsam!

Er betrachtete sich genau. Zuerst von der Seite, dann von vorn und hinten und zuletzt von oben und unten.

Nein, so sahen die Zeichnungen auf dem Papier nicht aus!

»Du hast gesagt, daß Mama Berger mich gemacht hat?«, fragte er.

»Ja«, sagte Kullerauge überzeugt. »Mama Berger hat dich gemacht. Sie hat die Bilder gezeichnet und dich gemacht. Und weil sie dich gemacht hat, liebt sie dich auch.«

»Mama Berger hat mich gemacht!«, quietschte Knabberchen vergnügt, »und sie hat mich lieb!«

»Genau wie der liebe Gott«, sagte eine andere

Stimme leise. Kullerauge und Knabberchen drehten sich um.
Moni saß aufrecht in ihrem Bett. Ihr Haar war zerzaust. Sie war noch nicht richtig wach.
»Ihr zwei macht aber einen schönen Lärm! Und das an einem Samstagmorgen! Ihr habt mich geweckt.«

»Es tut mir leid«, entschuldigte sich Kullerauge.
»Mir auch«, fügte Knabberchen schnell hinzu und fuhr noch schneller fort: »Weißt du, ich habe dieses Stück Papier mit meinem Namen gesehen und wurde aus den Zeichnungen nicht klug. Kullerauge hat mir alles erklärt. Du hast gesagt, daß Mama Berger wie der liebe Gott ist. Wie meinst du das?«
»Mama Berger hat dich gemacht, und der liebe Gott hat Mama Berger gemacht. Mama Berger liebt dich, und der liebe Gott liebt Mama Berger.«

»Aha«, jetzt verstand Knabberchen. »Gott muß ein mächtiger Mann sein.«
»Oh ja«, antwortete Moni, nachdem sie eine Weile nachgedacht hatte. »Gott ist ein mächtiger Schöpfer. Er hat alles und alle Menschen erschaffen.«
»Dann ist er mein Großvater«, stellte Knabberchen glücklich fest.
Moni lehnte sich in ihr Kissen zurück. So lustig es tönte, aber Knabberchen hatte beinahe recht!
»Er ist nicht dein Großvater«, sagte sie, »ich würde eher sagen, dein sehr großer Vater.«
Sie dachte darüber nach, wie wichtig es war; da hörte sie Knabberchen singen:

»Mama Berger hat mich gemacht
aus Fell und Filz.
Gott hat Mama Berger gemacht,
drum liebt sie mich.
So ist Gott.
Er ist noch viel mächtiger als Mama.
Er liebt sie,
und sie liebt mich.
Ich habe einen großen Vater!«

»Wunderschön«, dachte Knabberchen, als er sein Lied zu Ende gesungen hatte. »Wunderschön! Es ist ganz prima, einen großen Vater zu haben.«

Knabberchen findet heraus, warum . . .

Knabberchen wollte mit Mama Berger sprechen. Er war sehr froh, daß sie ihn gemacht hatte. Er war glücklich, daß sie ihn liebte. Aber Knabberchen wollte wissen, warum sie ihn liebte. Mama Berger war leicht zu finden. Sie war in der Küche. Dort gab es immer viel zu tun, denn Paps Berger und drei Kinder mußten versorgt werden. Mama Berger kochte, trug das Essen auf und spülte Geschirr.

So ging Knabberchen in die Küche hinunter.

Mama Berger hatte sich hingesetzt, um in aller Ruhe eine Tasse Tee zu trinken. Moni steckte noch im Bett, und die anderen waren alle draußen. Mama Berger war ganz allein.

»Hallo, Knabberchen«, rief sie aus, als er hereinkam. »Setz dich auf den Tisch und plaudere ein bißchen mit mir.«

Genau das wollte Knabberchen. Er kletterte auf den Tisch und setzte sich. Dann holte er tief Atem und fragte:

»Hast du das Bild gezeichnet, Mama Berger?« Er nahm das Schnittmuster hinter dem Rücken hervor, faltete es auseinander und glättete es auf dem Tisch.

Mama Berger schaute es an.
»Ja, das habe ich gezeichnet«, sagte sie.
»Warum?«, wollte Knabberchen wissen.
Es tönte etwas rauh. Doch Mama Berger sah, daß Knabberchen schrecklich neugierig war. So antwortete sie:

»Nun, ich habe gedacht, daß Kullerauge dir heute morgen alles erklärt hat.«
»Oh!«, wunderte sich Knabberchen. Er hatte nicht gewußt, daß Mama Berger das Gespräch zwischen Moni, Kullerauge und ihm gehört hatte. »Ja, natürlich. Kullerauge erzählte mir, daß du mich gemacht hast und daß du mich auch liebst. Darüber bin ich sehr froh. Aber ... aber ich möchte gern wissen, warum du mich gemacht hast.«
»Das ist eine lange Geschichte«, sagte Mama Berger. »Weißt du, vor einiger Zeit hatten wir einen lebendigen Hamster. Er hieß auch Knabberchen. Er starb leider vor ein paar Tagen. Moni war so traurig. Sie konnte den leeren Käfig nicht mehr sehen. Sie ging nicht mehr gern zur Schule. Den ganzen Tag überlegte ich, womit ich sie trösten könnte. Und da dachte ich an dich.«
»Du dachtest an mich?«, wunderte sich Knabberchen. »Wirklich?«
»Ja, ich dachte an dich«, sagte Mama Berger leise. »Zuerst habe ich dich gezeichnet, dann ein Schnittmuster daraus gemacht. Ich schnitt die Teile aus, nähte dich zusammen – und fertig warst du. So weich und flauschig. Moni war überglücklich, als sie dich sah. Du hast sie wieder frohgemacht.«
Knabberchen gefiel der Gedanke, Moni wieder frohgemacht zu haben. Er dachte eine Weile darüber nach. »Hast du mich nur gemacht, um Moni glücklich zu machen?«
»Ja«, antwortete Mama Berger und versuchte Knabberchen zu überzeugen. »Und weil du Moni glücklich gemacht hast, hast du auch mich glücklich gemacht.«

Knabberchen hörte das gern. Wunderbar! Er dachte darüber nach. Da hörte er Mama Berger singen:

»Knabberchen, Knabberchen,
zum Glücklichmachen bist du da.
Knabberchen, Knabberchen,
mein kleiner Hamsterfreund.«

Eine Freudenträne purzelte über Knabberchens Nase. Er kletterte vom Tisch herunter und ging zurück in Monis Zimmer.

Er hatte Moni wieder frohgemacht, und deshalb war Mama Berger froh, daß sie ihn gemacht hatte. Wie schön war es doch, Menschen glücklich zu machen!

Moni und der Schatten

Knabberchen hatte sich in sein Kissen verkrochen. Es war ein wunderschöner Tag gewesen. Nun war Schlafenszeit. Doch da gab es etwas, das ihn beschäftigte. Es war nichts Schlimmes, aber er grübelte doch die ganze Zeit darüber nach.

Was machte eigentlich Kullerauge dort oben auf dem Regal? Warum gehörte sie zur Familie?

Knabberchen überlegte und überlegte, dann entschloß er sich, der Sache auf den Grund zu gehen.

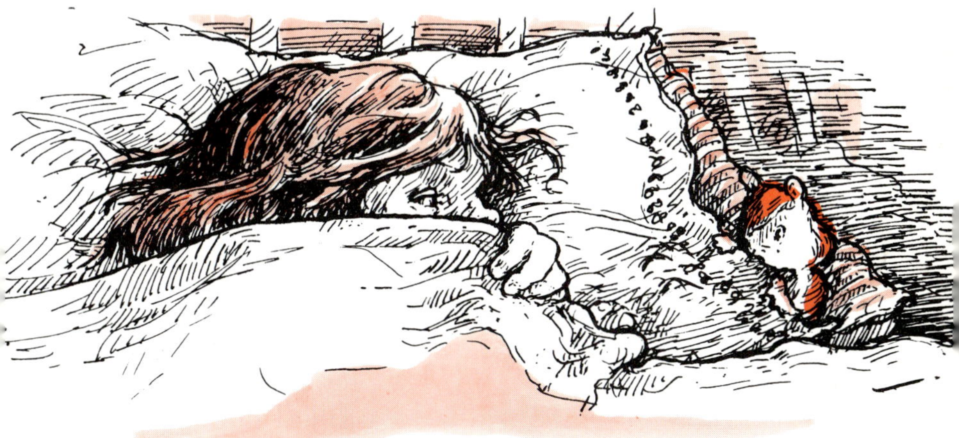

»Moni«, flüsterte er.

Keine Antwort.

»Moni«, rief er schon etwas lauter.

Immer noch keine Antwort.

Knabberchen strampelte im Kissen.
»Was tust du da, Knabberchen?«, fragte Moni schläfrig und drehte den Kopf zur Seite. »Was ist denn los?«
Knabberchen streckte seinen Kopf blitzschnell aus dem Kissen. »Wer hat die Eule Kullerauge gemacht? Und warum?«, fragte er.
Moni seufzte. »Nicht jetzt, Knabberchen. Ich schlafe schon halb. Hat es denn nicht bis morgen Zeit?«
»Eigentlich nicht«, antwortete Knabberchen. »Ich kann vor lauter Nachdenken nicht einschlafen.«
Moni wußte, daß Knabberchen keine Ruhe geben würde. Sie rieb sich den Schlaf aus den Augen und begann nachzudenken. »Kullerauge wurde zum Liebkosen gemacht«, sagte sie. »Mama hat Kullerauge gemacht, so wie sie dich gemacht hat. Zuerst hat sie sich Kullerauge ausgedacht, dann gezeichnet, ausgeschnitten und zusammengenäht.«
Knabberchen schwieg einige Augenblicke.
»Ich verstehe«, sagte er endlich. »Doch weshalb hat Mama Berger Kullerauge gemacht?«
Moni sah, daß Knabberchen nicht eher lockerließ, bis die Angelegenheit geklärt war. Sie holte tief Atem und begann: »An einem Abend saß ich nach einem wunderschönen Tag im Wald draußen im Garten, als plötzlich ein dunkler Schatten über mich flog.«
Knabberchen rollte sich zu einer Kugel. Das tönte ein wenig beängstigend!
Moni sah die Bewegung.
»Ich fürchtete mich auch«, fuhr sie fort. »Ich wußte nicht, was es war. Ich saß ganz still und wartete. Der Schatten kam zurück und flog wieder über mich. Ich war starr vor Angst.«

»Ooohh«, sagte Knabberchen. »Ooohhh!«
»Dann hörte ich einen komischen Ton: Tuwit, tuwuu! Tuwit, tuwuu! Ich erschrak furchtbar, denn ich hatte keine Ahnung, was es war.«
Knabberchen arbeitete sich aus dem Kissen heraus. Er lachte über das ganze Gesicht.
»Ich weiß, was es war!«, sagte er stolz. »Es war eine Eule!«

»Ja, aber ich wußte es damals nicht«, sagte Moni überrascht. »Wie kommst du darauf?«
»Ich war genauso erschrocken«, sagte Knabberchen heiter. »Es war in der ersten Nacht. Und es war die Eule Kullerauge.«
»Du hast recht! Kullerauge gibt manchmal solche Töne von sich. Doch in jener Nacht hörte ich es zum erstenmal. Als Mama nach mir rief, brachte ich kein Wort heraus. Ich brauchte unendlich lange, bis ich gewaschen war und im Bett lag. Und es dauerte noch länger, bis ich die Sprache wiederfand. Erst dann konnte ich Mama alles erzählen. Mama war so lieb zu mir. Wir lasen eine biblische Geschichte und beteten. Sie blieb bei mir und plauderte und sang, bis ich ein-

geschlafen war. War ich froh darüber! Als ich am nächsten Morgen erwachte, war Kullerauge da!«
Knabberchen war überrascht. Er krabbelte aus dem Kissen heraus und sagte: »Oh!«
Die beiden waren eine Weile still. Dann murmelte Knabberchen: »Und am nächsten Morgen war Kullerauge da. Sag mal, wann kommt sie denn in der Geschichte vor?«
Moni lächelte.

»Weißt du, es war damals eine echte, lebendige Eule, die mich im Garten erschreckte. Mama wußte es. Um mir die Angst vor Eulen zu nehmen, hat sie mir eine Eule zum Kuscheln gemacht. Und dort oben sitzt sie.«

Moni zeigte auf das Regal über der Tür. »Ich herzte, drückte und kitzelte sie so sehr, daß sie mich bat, in der Nacht dort auf dem Regal sitzen zu dürfen. Und dort sitzt Kullerauge nun.«
Knabberchen war stillgeworden, und Moni dachte, daß das Gespräch beendet sei. Sie kuschelte sich in das Kissen und machte die Augen zu.
»Kullerauge half mir, ein erschreckendes Erlebnis zu überwinden«, murmelte sie gähnend.
»Und ich habe dir über die Traurigkeit hinweggeholfen«, fügte Knabberchen hinzu.
»Ja«, sagte Moni glücklich. »Bist du aber gescheit, Knabberchen. Du hast mir über die Traurigkeit hinweggeholfen und Kullerauge über die Angst«.
»Wir müssen Überwinderleute sein«, sagte Knabberchen fröhlich. Moni konnte das lustige Zwinkern in seinen Augen in der Dunkelheit nicht sehen.

Knabberchen kuschelte sich in das Kissen. Er und Kullerauge waren Überwinderleute. Mit einem solch schönen Gedanken konnte er gut einschlafen.

Der Schreibtisch und die Gänseblümchen

Im Zimmer herrschte ein tolles Durcheinander. So sah es wenigstens aus. Sogar das Bett wurde weggerückt.
Knabberchen krabbelte aus dem Kissen, um die Unordnung besser übersehen zu können.
Es war Uwe, der große Bruder von Moni.
»Kommt, ihr beiden«, sagte Uwe. »Macht, daß ihr rauskommt. Ich möchte endlich anfangen.«
Moni bewegte sich unter der Bettdecke.
»Laß uns gehen, Knabberchen«, gähnte sie. »Es ist wohl besser, wir stehen auf. Wenn Uwe was unternehmen will, kann er niemanden brauchen.«
Knabberchen hüpfte auf den Boden. Kullerauge flog vom Regal herunter und gesellte sich zu ihm. »Komm, gehen wir«, sagte sie.
»Warum denn? Was ist denn hier los?«, wollte Knabberchen wissen.
Er schätzte es gar nicht, schon am frühen Morgen geweckt zu und wegen eines großen Durcheinanders aus dem Bett geworfen zu werden. Und auch, wenn Uwe was tun wollte.
»Nun ja, heute ist eben Schreibtisch-Tag«, sagte Kullerauge langsam.

»Schreibtisch-Tag?«, wiederholte Knabberchen. »Was soll denn das heißen?«
»Komm in den Flur und schau dir das an!«, sagte Kullerauge und lächelte vielsagend, »vielleicht kriegst du es dann raus.« Die zwei gingen in den Flur hinaus.
»Bleib hier stehen und guck zu!«, befahl Kullerauge.
Knabberchen tat, wie befohlen, stand da und guckte. Uwe war sehr beschäftigt. Er schob die Möbel umher. Er rückte das Bett zum Schrank, stellte den Stuhl auf das Bett und schob den Tisch zum Bett. Er nahm die Bilder von den Wänden und legte sie auf den Tisch. Er fegte wie ein Sturmwind durch das Zimmer. Moni gab

sich alle Mühe, ihm behilflich zu sein, doch sie gab es bald auf.
Uwe rannte nach oben. In Null Komma nichts war er wieder da und brachte die Werkzeugkiste, eine Säge, einige Holzbretter und einige Dosen mit Paps Nägeln und Schrauben. Nun rollte er den Teppich zurück. Dann legte er die Bretter, die Säge, den Werkzeugkasten auf den Boden. Die Dosen mit den Nägeln und Schrauben legte er auf den Tisch. Dann begann er.
Er maß dies und das. Er sägte mal hier und mal dort. Er hämmerte dies und das. Er paßte dieses Brett zu

jenem Brett. Er schob hier ein bißchen, zog da ein bißchen und hämmerte dort ein wenig. Und im Handumdrehen, so schien es wenigstens, stand ein hübscher Schreibtisch in Monis Zimmer. Auf der Seite hatte er ein paar Regale und eine glatte Platte. Uwe hatte flink und sorgfältig gearbeitet. Es war ein schö-

ner Schreibtisch aus Brettern, Nägeln und Schrauben, und er hatte eine glatte Schreibplatte. Moni war entzückt.

»Wunderbar!«, rief sie aus, als sie den Teppich zurückrollten.

»Wunderschön«, sagte Mama, als sie das Bett und den Stuhl wieder an ihre Plätze schob und die Bilder an die Wände hing.

»Bemerkenswert«, sagte Knabberchen zu Kullerauge, als sie vorsichtig wieder das Zimmer betraten. »Wirklich bemerkenswert.«

Als alles wieder sauber war und die Möbel an ihren Plätzen standen, wandte sich Knabberchen an Moni und fragte:

»Wie hat Uwe das bloß geschafft?«

»Oh, Uwe macht das furchtbar gern. Er hat es in der Schule gelernt. Er hat für sich schon viele Sachen gemacht. Er weiß, welche Werkzeuge man braucht.

Siehst du, hier ist mein hübscher, neuer Schreibtisch«, sagte Moni glücklich.
Knabberchen betrachtete den Schreibtisch. Er war neu und hübsch. Moni stellte einige Bücher in die Regale, setzte sich an den Schreibtisch und sah sehr glücklich aus.
»So was habe ich mir immer gewünscht«, sagte sie froh.
Knabberchen kletterte auf den Schreibtisch, um ihn auch von oben betrachten zu können. Es war ein sehr schöner Schreibtisch. Das gefiel Knabberchen sehr. So setzte er sich hin.
»Uwe ist sehr geschickt? Nicht wahr?«
»Oh ja«, stimmte Moni zu. Sie saß ganz still da. »Hast du das gesehen, Knabberchen?«, fragte sie nach einer langen Pause. »Sind sie nicht hübsch?«

Knabberchen guckte. Moni hielt einen Plastikeierbecher mit Gänseblümchen in der Hand.
»Mama hat sie auf den Schreibtisch gestellt.« Sie nahm ein Gänseblümchen und betrachtete es eingehend. »Gott hat es gemacht«, sagte sie und drehte die Blume in ihrer Hand.
»Du liebe Zeit«, sagte Knabberchen. »Und wie lange hat er dazu gebraucht?«
Auf diese Frage wußte Moni keine Antwort.

»Wunderschön«, sagte Knabberchen. »Und welche Werkzeuge hat Gott dazu benutzt?«
Auch darauf wußte Moni nicht zu antworten.
»Warum hat Gott eigentlich die Gänseblümchen gemacht?«, fragte Knabberchen nach einer Weile.
Wiederum wußte Moni nichts zu antworten. Die beiden saßen einfach da und betrachteten die Gänseblümchen. So waren sie erstaunt, als plötzlich eine Stimme hinter ihnen sagte: »Gott machte die Gänseblümchen, weil er es wollte.« Es war Uwe. »Er macht gern solche Sachen und wußte, daß ihr euch darüber freuen würdet.«

Herr Hopser

Knabberchen fühlte sich nun richtig zu Hause bei Bergers. Er mochte dieses Gefühl. Bei Bergers war es gemütlich und interessant. Er dachte gerade darüber nach, als er jemanden pfeifen hörte.
Nach einer Weile ging das Pfeifen in ein Tuten über. Aus dem Tuten wurde ein Trommeln, und bald darauf klingelte es.
»Was für seltsame Töne«, dachte Knabberchen. »Was sind das für komische Geräusche?«
Er horchte. All diese Töne kamen aus Monis Schrank. Da mußte er doch mal nachsehen. Er ließ sich aus dem Bett fallen und trippelte zum Schrank hinüber. Er beugte sich und preßte sein Ohr an einen Spalt am Fuße des Schranks. Da drinnen sang jemand vergnügt! Es tönte zwar etwas quietschend, aber es war ein fröhliches Lied.
Knabberchen stimmte ein und sang laut mit. Fast wäre er im Zimmer herumgetanzt. Er hielt inne und schaute zu Kullerauge hinauf. Sie wiegte den Kopf nach der Musik und schlug mit einem Fuß den Takt dazu.
Plötzlich hörte das Singen im Schrank auf.
»Wer ist denn dort drin?«, fragte Knabberchen.
»Mach' die Tür auf und sieh nach!«, kicherte die Eule.

Knabberchen hatte zwar ein bißchen Angst, doch er öffnete die Schranktür und guckte hinein. Am Boden standen einige Paar Schuhe. Sie sahen nicht aus, als ob sie singen könnten. Da hingen auch bunte Kleider. Auch sie sahen nicht aus, als ob sie singen könnten. Er fragte sich, wer es sonst sein könnte, als eine hohe Stimme quietschte:
»Siehst du aber komisch aus!«
Knabberchen blieb wie angewurzelt stehen. Er mochte es nicht besonders, »komisch« genannt zu werden. Wer wagte es überhaupt, ihn so zu nennen?
Da sah Knabberchen jemanden hüpfen. Das war es! Der Kerl, der dort hing, war selber komisch! Er bestand aus seltsamen Holzstücken. Seine Füße sahen wie kleine Boote aus. Und er hatte eine riesengroße Nase. Seine Augen blickten sanft und lieb. Er trug ein helles Kleid. An seinem Kopf war ein Gummiband befestigt, an dem er auf und ab hüpfte.
Knabberchen schaute ihm eine Weile dabei zu und sagte:
»Hallo! Ich bin Knabberchen, der Hamster.«
»Hallo«, sagte der kleine hölzerne Mann. »Ich heiße Hopser, der Hampelmann, und bin Monis Freund.«
»Ich auch«, sagte Knabberchen. »Ich bin noch nicht lange in Bergers Haus. Was tust du da?«
»Oh«, sagte Hopser. »Ich tanze und singe und singe und tanze. Das macht mir Spaß.«
Das tönte nett.
»Dann tanz und sing mir mal was vor«, bat Knabberchen.
»Mit Vergnügen. Komm herein.«
Knabberchen trat in den Schrank und schloß die Tür.

Hopser zeigte Knabberchen, wie man hüpft, hopst und springt, wie man sich dreht und wendet und herumwirbelt. Knabberchen lernte, den Mund beim Singen weit zu öffnen, und er lernte auch pfeifen, tuten und trommeln. Es war herrlich, mit den Füßen so viele Dinge tun zu können. Als sie aufhören mußten, bedauerte es Knabberchen sehr. Von ihm aus hätte der Unterricht noch stundenlang dauern können.
Doch zuletzt sagte er »Dankeschön« und »Auf Wiederseh'n« und kroch aus dem Schrank heraus.
Er war ganz heiser vom Singen, und seine Beine taten ihm weh vom Tanzen. Es kribbelte am ganzen Körper.
Als er sich im Zimmer umschaute, sah er Moni am Schreibtisch sitzen. Sie lächelte vergnügt.

»Ich sehe dir an, daß dir der Besuch bei Hopser Spaß gemacht hat«, sagte sie fröhlich. »Ich konnte euch bis hierher singen hören.«
»Ich mag Hopser«, sagte Knabberchen. »Er ist so lustig.«
»Das kann man wohl sagen«, stimmte Moni zu. »Weißt du, einer von Paps Schülern hat ihn aus Holz geschnitzt. Paps mochte ihn so, daß er ihn mir zum Spielen nach Hause brachte. Ich knüpfte das Gummiband an die Kleiderstange im Schrank, und seitdem tanzt und singt er dort drinnen. Wenn ich mal traurig bin, öffne ich die Schranktür und sehe ihm beim Tanzen zu und lausche seinen Liedern. Er muntert mich immer wieder auf.«
Knabberchen dachte, wie gut es ist, einen Freund zu haben, der einen aufmuntern kann.
»Wozu wurde Hopser gemacht?«, wollte er wissen.

»Hopser wurde zum Spaß gemacht«, antwortete Moni stolz. »Einfach zum Spaß.«
Knabberchen lächelte. Wie recht sie hatte!

Vögel auf dem Fensterbrett

Knabberchen genoß es, auf Monis neuem Schreibtisch zu sitzen. Es war ein herrlicher Platz, gerade hoch genug, um aus dem Fenster sehen zu können. Vor dem Fenster tummelte sich eine Schar zwitschernder Vögel. Es waren kleine und große Vögel. Alle saßen vergnügt auf dem Fensterbrett, freuten sich am warmen Sonnenschein und pfiffen fröhlich.

Knabberchen hatte noch nie so viele Vögel gesehen. Sie saßen wie kleine Federbällchen in Reih und Glied und sangen und sangen. Es sah so lustig aus. Die Vögel sangen so schön. Das gefiel Knabberchen.

Da – ein weißer Wisch! Frau Schneeweißchen war auf dem Schreibtisch aufgetaucht. Ein aufgeregtes Flattern – und alle Vögel waren verschwunden. Der Anblick der großen, weißen Katze war genug.

Knabberchen lag auf dem Rücken. Frau Schneeweißchen hatte ihn umgeworfen. Er rappelte sich wieder auf.

»Passen sie doch ein bißchen besser auf«, sagte er scharf, brachte sein Fell in Ordnung und bog seine Schnurrbarthaare zurecht. Frau Schneeweißchen schaute ihn an. Knabberchen ließ sie gucken. Er hatte

sie schon gesehen und fürchtete sich überhaupt nicht vor ihr. Doch jetzt, da sie ihm so gegenübersaß, war er nicht mehr ganz so furchtlos.
Er richtete sich in seiner ganzen Größe auf und wiederholte:
»Passen sie ein bißchen besser auf.«
»Es tut mir leid, Knabberchen«, entschuldigte sich Frau Schneeweißchen. »Ich bin auf Nahrungssuche für meine Kinder.«
»Vögel sind nicht zum Fressen da«, dachte er. »Was wird sie denn mit den Federn anfangen?« Bevor er weiterdenken konnte, lag er zum zweitenmal auf dem Rücken. Drei weiße Kätzchen waren aufgetaucht; Frau Schneeweißchens Kinder.
Tina, Kuschi und Misch-Misch wuchsen schnell. Sie fraßen alles, was sie finden konnten. Sie machten mit ihrer Mutter das ganze Haus unsicher. Nun waren sie einfach über Knabberchen gestürmt! Zum zweitenmal rappelte sich Knabberchen auf und wollte zum drittenmal sagen: »Passen sie ein bißchen besser auf«, als die ganze Katzenschar vom Schreibtisch hüpfte und aus dem Zimmer sprang.
Knabberchen brachte sein Fell in Ordnung und strich seine Schnurrbarthaare zurecht. Dann saß er ruhig da. Er hörte jemanden in seiner Nähe lachen. Er wandte sich um. Moni saß auf ihrem Bett und lachte.
»Warum lachst du?«, fragte er, fast ein wenig beleidigt.
»Es sah so komisch aus, als dich Schneeweißchen und ihre Kinder zweimal überrannten«, kicherte Moni.
»Hmmmmm«, brummte Knabberchen, vielleicht sah

es wirklich komisch aus. Er hatte es ja nicht mitansehen können.
Monis Lächeln verschwand.
»Es tut mir leid, daß ich gelacht habe«, sagte sie. »Bist du verletzt?«
»Nein, eigentlich nicht«, antwortete Knabberchen. Er mußte selber lachen. »Sag mal, wo kamen die Kätzchen eigentlich her?«
»Von unten«, antwortete Moni.
»Nein, du hast mich falsch verstanden. Wer hat sie gebaut?«
Monis Lächeln kehrte zurück. Knabberchen stellte wirklich seltsame Fragen! Sie begann nachzudenken.
»Sie wurden nicht gebaut«, erklärte sie. »Weißt du, sie wuchsen in Schneeweißchen. Als sie groß und stark genug waren, wurden sie geboren. Sie wurden geboren, Knabberchen, nicht gebaut.«
Es mußte wunderschön sein, geboren zu werden, dachte Knabberchen. Darüber mußte er lange nachdenken. Dann fragte er:
»Wurdest du auch geboren, Moni?«
»Ja«, antwortete Moni. »Ich wuchs in Mama, und als

ich groß und stark genug war, wurde ich geboren.«
Knabberchen hatte wieder viel zu denken.
»Einige Dinge werden ausgeschnitten und zusammengenäht«, sagte er langsam. »Einige Dinge werden gebaut und andere Dinge werden geboren.«
»Stimmt; so kann man es auch sagen«, stimmte Moni zu.
Draußen auf dem Fensterbrett flatterte es wieder. Die Vögel waren zurückgekehrt. Knabberchen und Moni saßen beieinander, schauten zu, hörten zu und dachten nach.
»Und wie sind sie geworden?«, wollte Knabberchen wissen. Er wunderte sich über die Federn.
»Sie kamen aus Eiern«, sagte Moni.
Das war fast zuviel für Knabberchen. Er setzte sich auf die schöne, glatte Schreibtischfläche und schaute den Vögeln zu. Dabei dachte er angestrengt nach.
»Eier«, murmelte er. »Es gibt doch verschiedene Arten, auf die Welt zu kommen.«

Hasbärafflö

Kullerauge wollte zur Spielzeugschrank-Party gehen. Sie war zwar keine gute Tänzerin, doch sie liebte es, Freunde zu treffen und über die Ereignisse der vergangenen Woche zu sprechen. Und in dieser Woche war Hamster Knabberchen angekommen! Kullerauge hatte ihn zur Party eingeladen, und der kleine Hamster war sehr aufgeregt.
Als Kullerauge vom Regal herunterflog, stand Knabberchen schon lange bereit.
»Wir müssen uns beeilen«, sagte die Eule. »Wir dürfen nicht zu spät kommen.«
Sie liefen über den Teppich zum Spielzeugschrank. Der Schrank war leicht zu finden. »Spielzeugschrank« stand in großen Buchstaben daran. Moni hatte sie selber gemalt, ausgeschnitten und aufgeklebt.
Kullerauge öffnete leise die Tür. Sie quietschte.
»Schschschschsch.«
Alle sagten »Schschschsch«.
Kullerauge und Knabberchen standen still.
»Kommt rein«, sagte eine freundliche Stimme. »Macht die Tür leise zu und setzt euch.«
Die beiden Freunde traten auf den Zehenspitzen ein und setzten sich.

Der Schrank war voller Spielsachen. Puppen saßen am Boden oder standen entlang der Wände. Sie schauten alle einem eigentümlichen Wesen zu, das mit einer Babypuppe in den Armen herumlief. Es hatte die Ohren eines Hasen, den plumpen Körper eines Bären, das lustige Gesicht eines Affen und den Schwanz eines Löwen. Das Wesen sang leise.

Knabberchen mußte seine Ohren spitzen, um die Worte des Liedes zu verstehen. Es war ein liebliches Schlummerlied. Endlich war das Puppenkind eingeschlafen. Es wurde auf einen Kleiderhaufen in der

Ecke gelegt. Dort lagen viele schlafende Puppenkinder.
»Nun können wir mit dem Tanzen beginnen«, sagte das Wesen. Ein kleiner Affe in einer roten Jacke zog eine Mundharmonika aus der Tasche und begann eine fröhliche Melodie zu spielen. Alle standen auf und begannen zu tanzen.
Ein Zinnsoldat trommelte, und zwei Zwerge pfiffen vergnügt. Bald tanzten alle. Sie tanzten allein, zu zweit und zu dritt und in Gruppen. Es war eine fröhliche Gesellschaft. Die Spielsachen tanzten hier und dort, mal mit diesem, mal mit jenem und mal miteinander.
»Komm«, rief Plüschhase Stummelschwanz. »Komm, Knabberchen, tanz mit uns!«
Und Knabberchen tanzte. War das ein Spaß! Er tanzte, hopste und wirbelte im Kreis.
Er tanzte mit den Hasen den Wald-Ringelreihen. Er

tanzte mit den Zinnsoldaten den Trommelwirbeltanz. Und er tanzte mit den Clowns den Hoppsassa-Dirul-

lalla-Tanz. Er schwebte mit Großmutter Silberhaar, und er hüpfte den Yo-Yo-Reigen. Der Leitertanz der Feuerwehr war zwar etwas schwierig, aber er schaffte es gerade noch. Er lernte so viele neue Freunde kennen, tanzte viele Tänze und sang so viele lustige Lieder, daß er ganz durcheinander war, als der Schlummerliedsänger zum Aufbruch rief. Kullerauge und Knabberchen sagten »gute Nacht« und schlossen die Tür hinter sich zu. Langsam wanderten sie zum Bett hinüber und schwatzten miteinander, so wie es gute Freunde am Ende eines schönen Abends tun.

»Vielen Dank für die Einladung«, sagte Knabberchen. »Es hat mir großen Spaß gemacht.«
Kullerauge lächelte. Sie war sehr stolz auf die Tanzkünste ihres neuen Freundes.
»Sag mal, Kullerauge«, fuhr Knabberchen fort. »Wer war dieses komische Wesen, das das Schlummerlied sang?«
»Das . . . das ist Hasbäraffllö«, antwortete Kullerauge stolz. »Hasbäraffllö ist eine Mischung; er hat Hasenohren, einen Bärenkörper, ein Affengesicht und einen Löwenschwanz. Paps Berger hat ihn für die ganze Familie einmal zu Weihnachten gemacht. Wir haben nie herausfinden können, was er eigentlich darstellen soll. Er sorgt sich um alle Spielsachen in Bergers Familie. Wenn du mal zornig oder bedrückt bist, geh' zu Hasbäraffllö. Er weiß wunderschöne Lieder und Gedichte, und niemand kann so spannende Geschichten erzählen wie er.«
Knabberchen hatte gut zugehört. Er war sehr froh, Hasbäraffllö kennengelernt zu haben. Ganz bestimmt würde er ihn in den nächsten Tagen einmal besuchen.
Kullerauge flog auf ihr Regal hinauf. »Gute Nacht, Knabberchen«, rief sie noch.
Knabberchen krabbelte ins Bett.
»Nun, hat es dir Spaß gemacht?«, fragte Moni schläfrig.
»Und wie!«, sagte Knabberchen begeistert. »Es war einfach herrlich. Moni . . .?« Knabberchen zögerte.
»Ja, Knabberchen?«
»Moni, wie schafft es Hasbäraffllö nur, immer für andere dazusein, wo er doch selber so durcheinander ist?«

»Das ist so«, sagte Moni, »Hasbärafflö wurde für andere gemacht. Er denkt gar nicht an sich.«
Knabberchen kuschelte sich ins Kissen und machte die Augen zu. Es war ein wunderschöner Tag gewesen.

Knabberchen ist der beste Freund

Moni war plötzlich hellwach. Sie wußte nicht, warum. Draußen war es noch ziemlich dunkel. Sie konnte die Uhr auf ihrem Nachttischchen nur undeutlich sehen. Sie knipste die Lampe an.
»Du liebe Güte«, gähnte sie. »Erst fünf Uhr.«
Es war schon vorgekommen, daß sie früh aufgewacht war. Einmal hatte sie eine schlimme Erkältung. Mama hatte ihr heißen Tee gekocht und sie eingerieben, bevor sie zu Bett ging. Durch den starken Schnupfen wachte sie sehr früh auf. Und dann die Nacht vor ihrem Geburtstag! Sie wußte, daß sie ein Kätzchen bekommen würde. Sie konnte in jener Nacht vor Aufregung kaum schlafen.
Doch jetzt . . . an diesem Morgen . . . es gab wirklich keinen Grund, schon so früh wachzusein. Sie bewegte ihre Beine. Alles in Ordnung. Manchmal kribbelten sie morgens beim Erwachen, doch heute nicht.
Moni guckte nach Kullerauge auf dem Regal über der Tür. Die Eule schlief tief und fest.
Moni guckte in ihr Kissen. Nun wußte sie plötzlich, warum sie so früh aufgewacht war.
Knabberchen war nicht da!

Knabberchen, ihr lieber Freund, war verschwunden!
Moni tastete das Kissen ab. Vielleicht hatte er sich ans andere Ende verkrochen?
Kein Knabberchen!
Vielleicht unter dem Kissen?
Dort war er auch nicht. Wo konnte er sein? Moni krabbelte aus dem Bett und schlug die Decke und das Leinentuch zurück. Auch hier war Knabberchen nicht.
Verzweifelt blickte Moni um sich. Wo konnte er bloß sein? War er aus dem Kissen gefallen? Sie schob die herunterhängende Decke weg, bückte sich und guckte unter das Bett. Zuerst sah sie nichts. Es war sehr dunkel. Als sich ihre Augen an die Dunkelheit gewöhnt hatten, sah sie Knabberchen, zusammengerollt wie einen Ball, angelehnt an das Bett.
Moni war so froh, ihn zu sehen. Sie kniete nieder, berührte ihn sanft und rief leise seinen Namen.

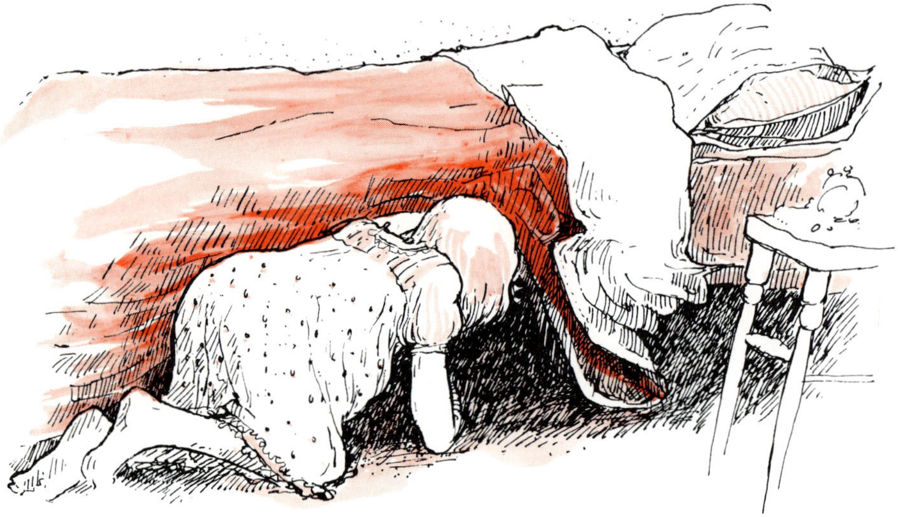

Langsam rollte sich der Ball auseinander, und Knabberchens Gesicht erschien. Er hatte geweint und sah traurig aus.
Moni hob ihn auf und setzte ihn auf das Kissen. Was für ein kleiner, trauriger Hamster! Sein Fell war naß vom Weinen.

»Was hast du, Knabberchen?«, fragte Moni besorgt. »Warum hast du geweint?«
Es dauerte einige Zeit, bis Knabberchen antworten konnte.
»Ich weiß es nicht«, sagte er traurig.
»War die Spielzeugschrank-Party vielleicht zuviel für dich?«, fragte Moni. »Bist du zu aufgeregt?«
»Das kann sein«, seufzte Knabberchen.
Er war wirklich sehr aufgeregt und müde.
»Hat dir jemand was zuleide getan?«, forschte Moni weiter. »Hat dich jemand geärgert oder so?«
»Nein«, antwortete Knabberchen, »ich bin zwar der Ente Schnatterich zweimal auf die Füße getreten, aber ich habe mich entschuldigt, und sie war nicht böse.«
»Was könnte es denn sein?«, fragte Moni. Sie wollte Knabberchen nicht zum Weinen bringen.

Dieser war ganz still geworden. Warum war er so verwirrt? Er konnte seinen Kummer nicht in Worte fassen. Er sagte endlich:
»Ich denke, es ist, weil so viele zur Bergerfamilie gehören. Ich fürchte, daß ich verlorengehen könnte.«
Moni wollte lachen, doch sie verstand ihn. Knabberchen war bedrückt, weil er unter so vielen Freunden verlorenzugehen glaubte. Er hätte sich sonst kaum in eine dunkle Ecke unter dem Bett verkrochen.
Moni nahm den Hamster in die Hand und streichelte ihn. Sie wischte seine Tränen mit dem kleinen Finger weg und drückte ihn fest an sich.
»Knabberchen«, sagte sie leise. »Erinnerst du dich noch, wie du zu uns kamst? Ich war so traurig, daß mein kleiner Hamster gestorben war. Du hast mir über die Traurigkeit hinweggeholfen. Weißt du noch, wie du mein besonderer Freund wurdest? Du bist es noch immer, und ich habe dich lieb. Ganz egal, wie viele neue Gesichter in der Familie sein werden, wie viele neue Freunde du und ich kennenlernen werden; du bist und bleibst mein bester Freund.«
Eine Woge der Glückseligkeit durchströmte ihn vom Kopf bis in die Füße. Seine Ohren brannten vor Freude. »Danke Moni, danke Moni«, hörte er sich sagen.
Als er wieder auf dem Kissen saß, hörte er Moni singen:

»Ich habe einen kleinen Freund,
Knabberchen, Knabberchen.
Er schläft bei mir im warmen Bett.
Knabberchen, Knabberchen,
du bist mein bester Freund.«

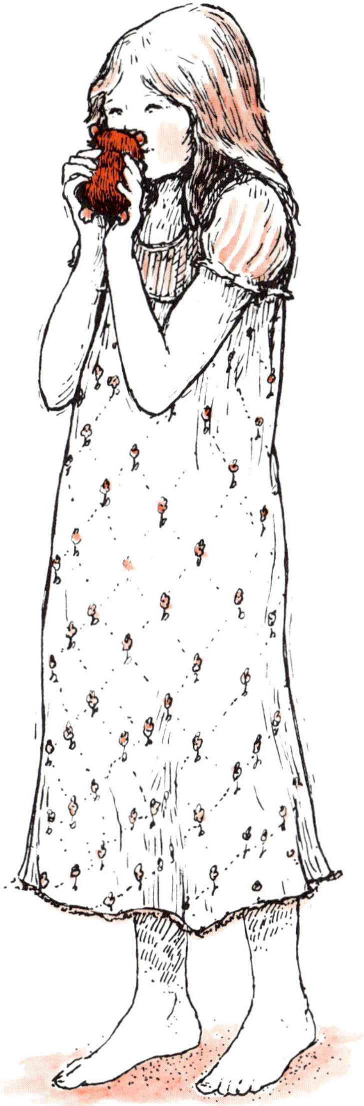

Knabberchen machte die Augen zu und schlummerte ein. Alles war wieder in Ordnung. Er wußte genau, wo er hingehörte, und daß er ein Heim hatte.

Aber, aber Knabberchen!

Es war ein wunderschöner Morgen. Knabberchen und Kullerauge saßen auf Monis Schreibtisch. Sie plauderten über den Sonnenschein und hörten einigen Vögeln zu, die auf dem Gartenzaun saßen und zwitscherten.
Plötzlich fegten drei weiße Wirbelwinde auf den Schreibtisch. Es waren Tina, Kuschi und Misch-Misch, die drei Kinder von Frau Schneeweißchen, der Katze von Bergers. Sie spielten fröhlich miteinander »Fang mich«.

Knabberchen und Kullerauge schauten ihnen eine Weile zu und freuten sich nachher wieder am warmen Sonnenschein.

Die Vögel waren alle verschwunden! Die Kätzchen rannten im Zimmer herum.
»Hallo, Knabberchen!«, rief Misch-Misch fröhlich. »Kannst du auch springen?«
Knabberchen überlegte und sagte dann: »Nicht besonders gut, aber ich kann es ja mal versuchen.«
Misch-Misch stand am Rande des Schreibtischs.
»Guck mal«, sagte sie stolz. Sie sprang ins Leere und landete auf Monis Bett.
Knabberchen schaute gut zu. Er war sehr beeindruckt.
»Du liebe Güte, das war aber ein toller Sprung«, sagte er.
»Guck mal hier«, sagte Tina, nahm Anlauf, sprang und landete genau neben Misch-Misch.
»Und guck mal da«, sagte ein drittes, fliegendes Kätzchen. Auch Kuschi landete bei seinen Geschwistern auf Monis Bett. Die drei tollten und balgten sich vergnügt.
Kuschi wandte sich an Knabberchen und rief:
»Komm schon, Knabberchen, jetzt bist du dran. Zeig uns, was du kannst.«
Knabberchen war gar nicht so sicher, ob er so weit springen konnte. Er ging zum Schreibtischrand und schaute hinunter. Es schien ein sehr langer Weg nach unten zu sein.

»Sag bloß nicht, daß du dich fürchtest«, rief Misch-Misch.
»Du kannst ja nicht springen«, sagte Tina.
»Hamster können überhaupt nicht viel«, hänselte Kuschi.
Das mochte Knabberchen gar nicht hören.
»Denen will ich's aber zeigen«, brummte er. »Denen will ich's aber zeigen.«
Er trat einige Schritte vom Rand zurück, holte tief Atem und fing an zu laufen. Als er den Rand erreicht hatte, stieß er ab und sprang mit geschlossenen Augen ins Leere.
Aber Kullerauge hielt die Augen offen. Und was sie sah, ließ sie erschauern. Knabberchen hatte die Hälfte des Zwischenraums zwischen Bett und Tisch geschafft, als er kopfüber fiel und fiel und fiel. Plumps!
Stille. Kein Ton war zu hören.
Kullerauge eilte zum Schreibtischrand und spähte hinunter. Dort unten lag Knabberchen. Er bewegte

sich nicht. Kullerauge flatterte nach unten. Die drei Kätzchen sprangen vom Bett, um sich die Sache anzusehen; doch Knabberchen lag still da.
Kullerauge wollte eben um Hilfe rufen, als die Hilfe schon kam.
Moni betrat das Zimmer. Sie sah Knabberchen und rannte zu ihm. Sie hob ihn sachte auf und streichelte ihn.
»Knabberchen, Knabberchen«, sagte sie aufgeregt.
Zuerst war kein Ton zu hören und keine Bewegung zu erkennen. Nachdem sie Knabberchen gestreichelt hatte, öffnete er seine Augen und stöhnte leise. Er bewegte sich vorsichtig in Monis Hand. Er schien heil und ganz zu sein. Er rappelte sich auf, stand und schaute sich um.
»Wo bin ich denn?«, fragte er. »Was ist denn geschehen?«
Kullerauge begann zu erklären. Sie war so froh, daß Knabberchen unverletzt war.
»Erinnerst du dich nicht«, sagte sie. »Die Kätzchen haben dich gehänselt, und du versuchtest, vom Schreibtisch auf das Bett zu springen.«

»Was hast du getan?«, rief Moni aus. »Was hast du getan?«
»Ich versuchte vom Schreibtisch auf dein Bett zu springen«, sagte Knabberchen mit hängendem Kopf. »Ich hatte es schon halb geschafft, als es plötzlich nicht mehr weiterging.«
»Du bist ganz einfach runtergefallen«, sagte Moni lächelnd. »Es gibt einige Dinge, die du tun kannst, und andere Dinge, die du nicht tun kannst. Gott hat jedes von uns in besonderer Weise gemacht, damit wir gewisse Dinge tun können. Hast du vielleicht schon einen Löwen wie einen Vogel singen gehört? Oder hast du schon ein fliegendes Schwein gesehen?«
»Nein«, antwortete Knabberchen kichernd.
»Hamster sind nicht zum Springen gemacht, Knabberchen. Das überlaß den Kätzchen. Du mußt du selbst sein. Du kannst nicht jemand anders sein, so sehr du dich auch anstrengst.«
Moni setzte Knabberchen sanft auf den Schreibtisch. Kullerauge setzte sich zu ihm und betrachtete ihn von oben bis unten.
»Du würdest mit einem Katzenschwanz sehr komisch aussehen«, sagte sie, »sehr komisch sogar.«

Die Wunderhölzchen

Moni hatte eine Schachtel Wunderhölzer. So hatte sie es Knabberchen wenigstens gesagt.

»Guck mal«, sagte sie geheimnisvoll. »Paß gut auf!«

Moni öffnete die kleine Schachtel in ihrer Hand und nahm ein Hölzchen heraus. Es war kaum größer als ihr kleiner Finger und hatte eine schwarze Spitze.

»Da, das ist ein Streichholz«, sagte sie stolz.

»Ein Streichholz«, wiederholte Knabberchen, »ein Streichholz. Und was tust du damit?«

»Hmmmm«, sagte Moni, »ich werde dir was zeigen.«

Knabberchen wartete und schaute. Moni rieb das Hölzchen an der rauhen Seite der Schachtel. Es zischte, knackte und sprühte, und die schwarze Spitze war verschwunden.

»Hast du gesehen?«, fragte Moni aufgeregt.

Knabberchen guckte. Er konnte überhaupt nichts sehen. Plötzlich ringelte sich ein grauer Rauchfaden zur Zimmerdecke empor.

»Das war eine Flamme«, sagte Moni. »Sie kam aus der schwarzen Spitze heraus.«

»Ich habe überhaupt nichts gesehen«, sagte Knabberchen überrascht. »Ich sah nur einen grauen Rauchfaden.«
Moni schaute Knabberchen an. Dann nahm sie ein neues Hölzchen aus der Schachtel und rieb es an der Seite. Es zischte, knackte und sprühte wieder, doch Knabberchen konnte nichts sehen. Nur ein langer grauer Rauchfaden kräuselte sich wieder zur Dekke.
»Hast du's gesehen?«, fragte Moni. »Hast du die hübsche Flamme nun gesehen?«
Knabberchen war enttäuscht.
»Ich habe wieder nichts gesehen«, sagte er.
Moni kam zu Knabberchen rüber und schaute an die Stelle, wo sie gestanden hatte. Knabberchen hatte einfach nicht aufgepaßt. Sie war davon überzeugt.

Doch dann begriff sie mit einem Mal. Knabberchen hatte zum Fenster hinübergeschaut und hatte die Flamme im Sonnenlicht gar nicht sehen können. Da hatte Moni eine Idee.
»Komm, Knabberchen. Wir kriechen unter das Bett«, sagte sie.
»Unter das Bett?«, quietschte Knabberchen. »Unter das Bett? Was wollen wir denn unter dem Bett?«
»Dort ist es viel dunkler, und du wirst die herrlichen Farben der Flamme sehen können.«
Da war Knabberchen nicht so überzeugt. Überhaupt kamen ihm diese Wunderhölzer etwas unheimlich vor. Er wollte ihnen auf keinen Fall zu nahe kommen. Doch er wollte die Flamme unbedingt sehen. So kroch er unter das Bett und setzte sich neben Moni. Moni mußte sich auf den Bauch legen, für sie war nicht Platz genug zum Sitzen. Sie hielt die Schachtel in der einen und ein Streichholz in der anderen Hand.

»Jetzt paß gut auf«, sagte sie. Und das Zischen, Knakken und Sprühen von vorhin war wieder da.
Und jetzt konnte Knabberchen die Flamme sehen! Sie war sehr heiß; aber das störte Knabberchen nicht im geringsten. Sie war hübsch. Zuerst war sie gelb, dann wurde sie rot und blau und zuletzt wieder gelb. Die Flamme verbrannte ein Stück des Streichholzes und war plötzlich wieder verschwunden. Knabberchen seufzte, als der lange graue Rauchfaden in die Matratze hinaufstieg.
»Was sagst du jetzt?«, sagte Moni. »War es nicht schön?«
Knabberchen nickte. Es war wirklich schön gewesen.
Moni nahm ein neues Streichholz und zündete es an. Diesmal war die Flamme noch größer und schöner. Die Farben waren hell und wunderschön. Nur war der graue Rauch plötzlich überall. Knabberchen keuchte und hustete. Bevor er sich umsehen konnte, war die Flamme auf den Bettüberwurf übergesprungen! Überall schienen plötzlich nur Flammen zu sein. Sie hüpften und tanzten, das ganze Bett schien zu brennen. Keuchend und hustend kam Knabberchen unter dem Bett hervor. Moni krabbelte erschrocken unter dem Bett hervor und packte Knabberchen. Schreiend lief sie zur Treppe.
»Mama, Mama, komm schnell! Mein Bett brennt!«, schrie sie.
»Kullerauge, wach auf«, rief Knabberchen, »das Haus brennt!«
Mama Berger rannte nach oben. Paps Berger nahm gleich zwei Treppenstufen auf einmal. Und Kullerauge heulte und kreischte.

Mama und Paps schauten Moni an und rannten ins Zimmer. Sie hatten keine Zeit mehr zu verlieren. Während Mama das Fenster schloß, rannte Paps ins Badezimmer, weichte Tücher ein und rannte damit in Monis Zimmer. Mama und Paps begannen, die Flammen mit den nassen Tüchern zu schlagen.
Es zischte – und langsam erstarben die Flammen.
Moni und Knabberchen standen im Flur und zitterten vor Angst und Aufregung. Als Paps und Mama aus dem Zimmer kamen, waren sie beide traurig.
»Moni«, sagte Paps, »haben wir dich nicht immer davor gewarnt, mit Streichhölzern zu spielen?«
»Ja«, gab Moni ganz leise zu.
»Haben wir dir nicht gesagt, daß sie gefährlich sind?«, sagte Mama.
Moni nickte und begann zu weinen.

»Es tut mir so leid«, sagte sie mit tränenerstickter Stimme.
»Ich habe nicht auf euch gehört, und seht, was nun geschehen ist.«
Sie schauten sich in Monis Zimmer um; die Leintücher waren schwarz, der Teppich war naß, und die Wand war schmutzig.
Knabberchen hätte am liebsten auch geweint.
Paps kniete neben Moni nieder und nahm sie bei der Hand.
»Es tut mir leid«, sagte sie und hielt seine Hand fest.
»Du mußt auf uns hören, Moni«, sagte Paps. »Das ganze Haus hätte brennen können . . .«
»Wenn Moni tut, was Paps und Mama sagen, und ich tue, was Moni sagt, dann . . .« Knabberchen wollte so gern behilflich sein, doch schien es ihm nicht zu gelingen.
»Die Kinder sollen den Eltern gehorchen; so steht es in Gottes Wort«, sagte Moni.
»So ist es«, stimmte Paps zu. »Gott vergibt uns auch, wenn es uns wirklich leid tut. Und jetzt ist alles vorbei, Moni.«
»Was ist nun alles vorbei?«, fragte Knabberchen.
Moni lächelte unsicher. Guter Knabberchen. Sie putzte sich die Nase und ging in die Küche hinunter um Seifenwasser zu holen. Sie fühlte sich schon viel besser.

Frank, der Tank

Das schreckliche Feuer war fast – wenn auch noch nicht ganz – vergessen. Moni hatte hart gearbeitet und ihrer Mama geholfen, das Zimmer wieder in Ordnung zu bringen und sauberzumachen.
Auch Knabberchen hatte geholfen, und alles lief wieder im alten Trab.
Kullerauge stand auf dem Schreibtisch und zählte langsam:
»Eins . . . zwei . . . drei . . . vier . . .« Sie spielten Verstecken.
Knabberchen wußte genau, wo er sich diesesmal ver-

stecken wollte – im großen Wandschrank. Er hatte sich zuvor in Monis Kleiderschrank und im Spielzeugschrank versteckt; doch im großen Schrank an der Wand war er noch nicht gewesen.
Kullerauge zählte immer noch leise vor sich hin: »Vierzehn ... fünfzehn ... sechzehn ... siebzehn ...«
Knabberchen öffnete die Schranktür und trat ein. Als er die Tür hinter sich zugezogen hatte, hörte Kullerauge auf zu zählen und begann zu suchen.
Im Schrank war es sehr warm und zuerst auch sehr dunkel. Nach einiger Zeit gewöhnten sich Knabberchens Augen an die Dunkelheit.
Ihm gegenüber stand ein großer Tank. Ein großer, runder Tank . . . mit Röhren, die wie Arme und Beine in alle Richtungen gingen. Auf beiden Seiten des Tanks stapelte sich saubere Wäsche.
Knabberchen stand wie angewurzelt da und guckte und guckte. Er mußte sich zurücklehnen, um den Tank ganz sehen zu können, so groß war er. Er sah nur ein großes, lächelndes Gesicht und darunter eine bunte Krawatte.
»Du liebes bißchen, bist du aber dick«, sagte er gedankenlos.
Der Tank antwortete nicht, doch man sah, daß er beleidigt war.
»Starrst du die Leute immer so an?«, sagte er sanft blubbernd. »Bist du immer so unhöflich?«
Knabberchen wußte nicht, was er sagen sollte. Er hatte noch nie einen Tank sprechen gehört.
»Das ist mein Heim«, fuhr der Tank fort, »und du hast nicht mal angeklopft, bevor du reinkamst. Wo sind deine guten Manieren geblieben? Du kannst froh sein, daß ich nicht wütend bin.«

»Es tut mir sehr leid«, quietschte Knabberchen. »Ich habe nicht gewußt, daß im Schrank jemand wohnt.«
»Wer bist du denn?«, forschte die blubbernde Stimme, diesmal etwas streng. »Warum bist du reingekommen?«
»Ich bin der Hamster Knabberchen«, beeilte er sich zu erklären.
»Ich lebe mit Moni und ihrer Familie – und ich verstecke mich hier drin vor Kullerauge, der Eule. Wir spielen nämlich Verstecken.«
Der Tank schwieg einen Augenblick. Als er wieder zu sprechen begann, tönte es schon viel freundlicher.
»Die Freunde von Kullerauge sind auch meine Freun-

de«, blubberte er freundlich. »Ich bin Frank, der Tank, und heiße dich in meinem Schrank immer und jederzeit willkommen. Ich bin voll heißen Wassers und lüfte alle Kleider, die Mama Berger in den Schrank legt. Ich mache heißes Wasser; heiße Bäder für die ganze Familie, heißes Wasser für Mama Bergers Wäsche und warme, trockene Kleider für die ganze Familie. Das ist eine sehr wichtige Arbeit. Wenn du mal frierst oder naß bist, komm zu mir und trockne dich; es wird mir ein Vergnügen sein, dich zu wärmen.«
Knabberchen fühlte sich behaglich warm und trokken. Er hatte das Versteckspiel mit Kullerauge schon vergessen. Da stimmte Frank mit seiner wässrigen, blubbernden Stimme ein Lied an:

»Ich wärme das Wasser
und trockne die Kleider.
Ich bin Frank, der Tank.
Am Dienstag ist Bügeln,
da kommt alle Wäsche.
Ich bin Frank, der Tank.«

Frank schwieg wieder, und ein Lächeln machte sich auf seinem Gesicht breit. Oh, er liebte es, die Menschen glücklich zu machen! Jedermann liebt heiße Bäder und saubere, warme Kleider.
»Wie langweilig«, dachte Knabberchen, »tagein und tagaus am gleichen Fleck zu stehen und heiß zu sein.« Dann erinnerte er sich an Monis Worte. Hamster waren Hamster – und nicht Katzen oder Heißwassertanks. Frank war, was er sein mußte. Knabberchen war froh, daß er daran gedacht hatte. Und dann erinnerte er sich auch an das Versteckspiel.

Er lächelte Frank höflich zu.
»Danke«, sagte er. »Ich muß gehen. Kullerauge wird sich sonst wundern, wo ich geblieben bin. Ich besuche dich bestimmt bald wieder. Ich wünsche dir einen schönen Tag, Frank.«
Frank blubberte »auf Wiedersehen« und rumpelte still vor sich hin.
Knabberchen trat aus dem Schrank und schloß die Tür hinter sich zu.
»Ein sprechender Tank«, murmelte er halblaut vor sich hin. »Was kommt wohl als nächstes?«
»Ich hab' dich!«, ertönte plötzlich eine tiefe Stimme hinter ihm. »Ich hab' dich. Nun bin ich an der Reihe und verstecke mich.«
Kullerauge flog durchs Zimmer, und Knabberchen ging zum Schreibtisch in der Ecke und begann leise bis zwanzig zu zählen . . .

Knabberchen bekommt ein Haus

Moni kehrte hüpfend und springend aus der Schule nach Hause. Sie rannte in ihr Zimmer.
»Hallo, Knabberchen!«, rief sie. »Hast du einen schönen Tag gehabt?«
»Nein«, antwortete Knabberchen, »ganz und gar nicht.«
Moni schaute Knabberchen erstaunt an. So hatte er noch nie gesprochen! Sie wollte ihn nochmals fragen.
»Hattest du . . .«
»Nein, ich hatte nicht . . .«, sagte Knabberchen wütend. »Willst du mich jetzt alleine lassen, ja?«
Moni war sprachlos. Sie schüttelte den Kopf und ging in die Küche hinunter. Sie hätte gern mehr gewußt, aber es war das beste, Knabberchen eine Weile allein zu lassen – mindestens bis zum Nachtessen.
Knabberchen war wieder allein. Er saß auf dem Bett und stützte seinen Kopf in die Hände. Er war schlecht gelaunt und verdrießlich, und das schon seit Tagen. Er wußte auch warum.
»Das dämliche Kissen ist schuld«, brummte er.

»Warum habe ich nicht meine eigene Ecke wie alle anderen? Frank hat einen ganzen Schrank für sich allein. Kullerauge hat ihr Regal. Ich will endlich ein Haus ganz für mich allein!«
Moni kam zurück. Er hörte sie auf der Treppe.
»Zeit zum Essen, Knabberchen!«, rief sie. »Komm runter und iß mit uns. Nachher fühlst du dich wieder besser.«
»Ich will nichts essen«, brummte Knabberchen. »Ich habe überhaupt keinen Hunger!«
»Oh, Knabberchen«, sagte Moni. »Was ist los mit dir? So hast du noch nie gesprochen? Hat dich jemand geärgert?«

Knabberchen wandte sich weg.
»Wir sind doch Freunde«, sagte Moni streng. »Wir können uns doch alles sagen, oder etwa nicht?«
Knabberchen wandte sich langsam um und nickte.
»Ich denke schon«, sagte er mißmutig.
»Dann sag mir, was los ist«, bat Moni.
Knabberchen holte tief Atem.
»Ich will nicht mehr in dem dämlichen Kissen schla-

fen«, platzte er heraus. »Alle haben ihre eigene Ecke. Du und Uwe habt ein eigenes Zimmer. Frank, der Tank, hat einen ganzen Schrank, und Kullerauge hat ihr Regal. Ich will ein eigenes Haus haben, das ist alles.«

Moni hob Knabberchen sanft auf. Sie sah ihn lange an und setzte ihn wieder auf das Bett. Sie fühlte sich ein bißchen verletzt. Knabberchen gehörte in das Kissen.

»Er hat immer dort geschlafen«, dachte sie. »Es ist der richtige Platz für einen kleinen Hamster. Und nun . . ., vielleicht braucht er doch ein eigenes Haus.«

Sie nickte zustimmend.

»Hmmmmmmm«, sagte sie. »Hmmmmm, ich denke, das läßt sich machen. Und das ist alles, was du willst?«

»Ja«, antwortete Knabberchen schnell.

»Dann sollst du es auch haben. Nach dem Essen suchen wir uns eine hübsche Schachtel, schneiden eine Tür und einige Fenster aus; ich mache dir ein weiches Bett, einen Tisch und ein paar Stühle.« Sie hielt inne. »Im Handumdrehen hast du ein eigenes Haus. Wir werden es Hamsterhausen nennen.«

Knabberchen war glücklich. Er lächelte Moni an und ging mit ihr runter zum Essen. Und nach dem Essen war er noch glücklicher.

Moni fand eine hübsche Pappschachtel und nahm sie mit in ihr Zimmer. Sie begann, eine Tür und Fenster auszuschneiden. Kullerauge holte einige Stühle und einen Tisch aus dem Spielzeugschrank. Und aus dem Schrank brachte sie eine warme Decke mit. Sie stellten den Tisch und die Stühle auf und richteten das Bett in der Ecke.

Knabberchen guckte zu. Als alles eingeräumt und fertig war, zog er in Hamsterhausen ein. Er setzte sich in einen bequemen Stuhl und begann zu singen:

»Wie schön ist es im eignen Haus,
im Schaukelstuhl zu sitzen
und sich am neuen Heim zu freu'n,
das mir allein gehört.
Ich habe auch ein warmes Bett
und einen Tisch und Stühle.
Wer hat denn Angst im Pappkarton?
Das ist mein schönes Heim!«

»Aaahhhhh«, gähnte Knabberchen, als er sein Lied beendet hatte. »Aaahhh, Zeit zum Schlafen«, und er legte sich glücklich in sein weiches, warmes Bett in der Ecke. »Gute Nacht, alle zusammen!«
Moni und Kullerauge entfernten sich leise. Kullerauge flatterte zu ihrem Regal hinauf, und Moni klet-

terte ins Bett. Knabberchen schien es in seinem neuen Heim zu gefallen.
Aber aus irgendeinem Grund konnte er nicht einschlafen.
Er fühlte sich in seinem neuen Heim plötzlich einsam.
Er drehte sich von einer Seite auf die andere und überlegte.
Da stimmte etwas nicht, daß er nicht schlafen konnte.
Moni war schon halb eingeschlafen, als sie plötzlich etwas Weiches an ihrer Wange spürte.
»Bist du's, Knabberchen«, flüsterte sie.
»Ja, ich bin's«, antwortete Knabberchen leise.
»Magst du dein neues Bett nicht?«, fragte sie. »Es sah doch so bequem aus.«
»Nun . . . ja . . . nun . . .«, stotterte Knabberchen. »Natürlich mag ich mein neues Bett . . . aber . . . nun ja . . . ich fühle mich in der Schachtel einsam . . . Hast du was dagegen, wenn ich wieder in deinem Kissen schlafe?«
Moni lächelte.
»Komm nur«, sagte sie glücklich, und ließ Knabberchen ins Kissen kriechen.
»Danke«, sagte Knabberchen. »Danke.« Und er war eingeschlafen, bevor Moni etwas sagen konnte. Sie war so froh, daß Knabberchen zurückgekommen war. Auch sie hatte sich ziemlich einsam gefühlt.
»Lieber Gott, ich danke dir für Knabberchen«, sagte sie am Ende ihres Abendgebets.

Der Spiegel auf dem Schreibtisch

Knabberchen saß vor dem Spiegel. Kullerauge war bei Verwandten zu Besuch, und Moni war in der Schule.
Knabberchen schaute sich lange und kritisch an.
Sein rotbraunes Fell war sauber und glänzend.
Seine weiße Brust war rein und weich.
Seine Ohren standen steif und aufrecht, und seine Schnurrbarthaare waren zurechtgezupft.
»Sehr hübsch«, dachte Knabberchen. Er war heute sehr von sich eingenommen. Außerdem war er sehr satt, denn er hatte erst kürzlich der Küche einen Besuch abgestattet. Er gähnte. Im Zimmer war es ganz still. Vielleicht war es am besten, sich ein wenig hinzusetzen.
Bevor er recht wußte, war er schon eingeschlafen und träumte. Im Traum stand er vor dem Spiegel und bewunderte sich.
»Guten Tag«, sagte er zu der Gestalt im Spiegel. »Was bist du doch für ein hübscher Kerl.«
Er erwartete keine Antwort, doch jemand antwortete!
Die Gestalt im Spiegel lächelte und sagte:
»Guten Morgen, Knabberchen.«
Knabberchen schluckte.
Die Gestalt bewegte sich ein wenig.

»Ich bin Rotkopf«, sagte die Gestalt freundlich, »ich will dir etwas zeigen.«
Knabberchen erholte sich langsam vom Schock, einen sprechenden Spiegel vor sich zu haben.
»Oh«, quietschte er. »Wirklich?«
»Komm und sieh dir das an«, sagte die Gestalt und winkte Knabberchen heran. Knabberchen rückte näher zum Spiegel.
»Komm, tritt ein«, sagte Rotkopf.
Knabberchen trat in den Spiegel und war plötzlich in einem großen Raum. Überall standen Schuhkartons. Sie standen da in Reih und Glied, und jede Schachtel hatte ein Etikett.
»Komm mal hier rüber«, rief Rotkopf. »Schau dir das mal an!«

Knabberchen ging zur Schachtel. Darin lag, auf einem Stück Teppich, ein kleiner, schlafender Stoffhamster.

»Was macht er hier?«, fragte Knabberchen flüsternd.

»Lies das Etikett«, antwortete Rotkopf.

Knabberchen las:

Timmy: Gefunden in einem Straßengraben.

»Wir fanden ihn letzten Winter«, sagte Rotkopf. »Er

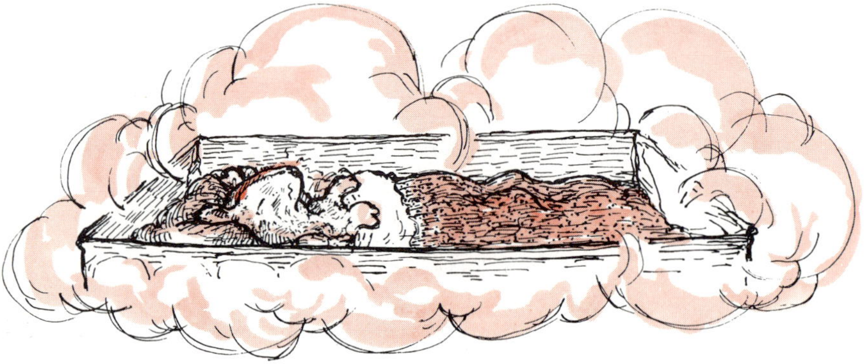

war pudelnaß und schmutzig und über und über mit Öl verschmiert. Er hatte kein Zuhause, deshalb ist er hier. Sein Fell ist noch immer blaugrün vom Öl.«

Knabberchen dachte darüber nach und ging zur nächsten Schachtel.

Auf dem Etikett stand:

Ohren am Brombeerstrauch zerrissen: Gefunden im Harderwald.

»Er ist schon einige Zeit bei uns«, erklärte Rotkopf.

Knabberchen betrachtete die zerrissenen Ohren, dann ging er zur nächsten Schachtel, immer weiter der Reihe entlang. Er schaute in jede Schachtel und las jedes Etikett. Rotkopf erklärte ihm, was mit den

Stoffhamstern in jeder Schachtel geschehen war. Alle hatten ein trauriges Erlebnis hinter sich.
Einige hatten ein schmutziges Fell.
Einige hatten fast kein Fell mehr.
Einige hatten zerrissene Ohren und Pfoten.
Einige hatten einen Teil ihrer Füllung verloren.
Einer hatte beide Augen und den größten Teil seines Fells verloren.
Knabberchen betrachtete sie alle traurig. Im Innern verspürte er ein komisches Gefühl.
Er begann nachzudenken. Sein Fell war sauber, und seine Ohren standen aufrecht und fest. Er hatte zwei gesunde Augen . . . und ein gutes Heim . . . und liebe Freunde . . .

Rotkopf unterbrach ihn:
»Diese kleinen Hamster haben alle viel durchgemacht«, sagte er. »Du solltest dankbar sein; du hast Moni, die dich liebt, du hast ein Heim und gute Freunde . . .«
»Hallo!«, sagte eine bekannte Stimme in Knabberchens Ohr. »Hast du den ganzen Morgen geschlafen?«

Es war Moni, die aus der Schule gekommen war.
Knabberchen erschrak und rieb sich die Augen. Dann schaute er um sich. Rotkopf war verschwunden. Keine Spur von Schuhschachteln! Und als er in den Spiegel schaute, sah er nur sein eigenes Bild!
Knabberchen erzählte Moni seinen Traum.
»Rotkopf hat recht«, schloß er. »Ich bin ein sehr glücklicher Hamster. Ich bin froh, daß ich zu Bergers gehöre, daß ich dich, Kullerauge und alle meine Freunde habe.«
Moni zupfte ihn am Ohr.

»Guter Knabberchen«, sagte sie. »Ich hab' dich gern. Wie wär's mit einer Tasse Tee?«

Knabberchen kann nicht warten

Aus Mama Bergers Zimmer ertönte ein seltsames Surren und Schwirren. Knabberchen hatte das Geräusch schon gehört, doch hatte er sich noch nie Gedanken darüber gemacht.
Heute aber tönte es ganz besonders aufregend.
Heute hatte er aber auch nichts zu tun.
Und an einem Tag, wo man nichts zu tun hat, tönt dieses Surren noch viel seltsamer.
Knabberchen lief hinüber zu Mama Bergers Zimmer und klopfte an. Keine Antwort.
Er wartete, bis das Surren aufgehört hatte und klopfte wieder.
»Herein!«, rief Mama Berger. »Paß auf!«
Knabberchen paßte gut auf. Er mußte es auch. Überall lag Papier und blauer Stoff.
»Was ist denn hier los?«, fragte er und suchte sich seinen Weg durch Stoff und Papier.
»Ich nähe ein neues Kleid für Moni«, antwortete Mama Berger. »Ich fürchte, ich brauche mehr Zeit dazu als ich gedacht habe.«
Knabberchen schaute sich im Zimmer um.
»Woher kommt dieses surrende Geräusch?«, wollte er wissen.

Mama Berger zeigte auf eine seltsame, schwarze Maschine auf dem Tisch.
»Das ist meine Nähmaschine«, erklärte sie. »Sie ist zwar schon alt, aber sie näht immer noch gut.«
Sie setzte ihren Fuß auf einen Schalter am Boden, und das Surren begann von neuem. Ein Teil der Maschine ging rund und rum, ein Teil rauf und runter, und oben tanzte eine Spule mit blauer Nähseide.
»Und das gibt ein Kleid?«, wunderte sich Knabberchen und schaute zu, wie die Maschine den blauen Stoff ›verzehrte‹.
»Ja«, antwortete Mama Berger. »Ich nähe die Teile zusammen, und im Handumdrehen entsteht ein hübsches, neues Kleid.«
Knabberchen betrachtete die Stoffstücke und die Maschine und dachte über das neue Kleid nach.
»Ich mag diesen weichen blauen Stoff«, sagte er nach einer Weile. »Kann ich mir einen Mantel nähen?«
Mama wandte sich um und schaute ihn prüfend an. Es war ihm offensichtlich ernst damit. Sie überlegte einen Augenblick. Dann sagte sie: »Ich fürchte, daß ich jetzt keine Zeit dazu habe; doch wenn du ein paar Minuten Geduld hast, bis ich Monis Kleid fertig habe, dann machen wir dir einen Mantel.«
Knabberchen hörte gar nicht zu. Er stellte sich vor, wie hübsch er in dem neuen blauen Mantel aussehen würde. Er war viel zu aufgeregt, um warten zu können; nicht mal eine oder zwei Minuten.
»Macht nichts«, sagte er entschlossen. »Ich schaffe es auch allein.«
Mama Berger zuckte mit den Achseln.
»Du wirst die Maschine nicht benützen können«,

sagte sie. »Versuche es mal mit Nadel und Faden, vielleicht schaffst du es auch so.«
Sie zog eine Nadel aus dem Nadelkissen und fädelte Nähseide ein.
»Hier sind noch einige weiße Knöpfe; sie werden gut zum blauen Stoff passen«, sagte Mama Berger. Dann suchte sie einige Stoffreste zusammen. »Hier, daraus kannst du dir einen hübschen Mantel machen.«

»Vielen Dank«, sagte Knabberchen eilig. Er lief in Monis Zimmer und nahm den Stoff, die Nadel mit dem Faden, die Schere und die großen, weißen Knöpfe mit. Er hatte es eilig, mit der Arbeit zu beginnen.
Und bald war die Schere an der Arbeit.
Schnipp, schnapp. Schnipp, schnapp. Schnipp, schnapp –
Er schnitt die Teile aus: das Vorderteil, das Rückenteil und die Ärmel. Dazu brauchte er nicht lange. Der Mantel würde in Null Komma nichts fertig sein! Als die Teile ausgeschnitten waren, hielt er sie an sich, um Maß zu nehmen. Sie schienen nicht die richtige Länge zu haben; doch das ließ sich machen, wenn der Mantel fertig war. Er mußte nur hier und dort ein bißchen abschneiden.
Knabberchen nahm die Nadel und begann zu nähen.

Er nähte das eine mit dem anderen Stück zusammen, und dieses mit jenem Stück. Es war viel schwieriger, als er es sich vorgestellt hatte.
Nun noch die Knöpfe.
Noch ein paar Stiche, und fertig! Der Mantel war fertig, und Knabberchen war sehr froh.
Aber als er ihn anziehen wollte, ging es nicht. Er wandte sich und drehte sich, er strengte sich an und krümmte sich – der Mantel paßte einfach nicht. Er hatte das Rückenteil an das Vorderteil genäht. Beide Ärmel waren an derselben Seite, und die Knöpfe waren auf dem ganzen Stoff verteilt. Und er hatte ganz vergessen, Knopflöcher zu machen. Der Mantel war einfach kein Mantel. Er sah eher wie ein mit Knöpfen verziertes Kissen aus. Knabberchen war sehr traurig und bemitleidete sich. Zum erstenmal hatte er versucht, selber etwas zu machen, und es war ihm total mißraten.
So fand ihn Moni am Nachmittag vor, enttäuscht und traurig. Als ob sie geahnt hatte, was geschehen war, redete sie freundlich mit ihm:
»Wenn du bloß gewartet hättest! Mutti würde dir gern geholfen haben. Sie würde es gern getan haben, das weißt du. Doch sie war so beschäftigt, daß sie dir nicht gleich helfen konnte. Und ein Mantel ist nicht leicht zu nähen. Man schafft so was beim erstenmal nicht allein. Du kannst nicht alles alleine schaffen; das kann niemand.«
Knabberchen ließ seinen Kopf hängen. Moni hatte recht. Er hätte warten und hören sollen. Jetzt tat es ihm leid. Er hob das blaue Stoffbündel auf und betrachtete es gedankenvoll.
»Vielleicht können wir es als Schlafdecke für

Schneeweißchens Kinder brauchen«, sagte er halb lächelnd. »So ist es wenigstens noch zu was nütze. Ich denke, ich nähe mir zuerst ein Taschentuch.«
»Eine gute Idee«, sagte Mama Berger, die gerade den Raum betreten hatte. »Ich habe noch eine bessere Idee. Ich habe ein paar Minuten Zeit und werde deine Arbeit auftrennen und dir einen schönen blauen Mantel nähen. Einverstanden?«
Und ob Knabberchen einverstanden war! Es war eine wunderbare Idee. Und so geschah es. Moni und Knabberchen saßen lange in Mamas Zimmer, wo die Nähmaschine summte. Und als Knabberchen wieder

herauskam, trug er einen neuen blauen Mantel mit weißen Knöpfen. Und schick sah er darin aus!

Der Körper am Boden

Die Sonne mußte schon sehr früh aufgegangen sein. Sie lachte durchs Fenster von Monis Zimmer und schien direkt auf Knabberchens Gesicht. Knabberchen erwachte.
Er kletterte aus dem Kissen und schaute zum Regal hinauf.
Kullerauge schlief noch tief und fest.
Er blickte zu Moni. Sie hatte sich unter die Bettdecke gekuschelt und schlief ebenfalls noch tief.
Knabberchen schaute sich um. Niemand war wach, kein Ton war zu hören. Er ging zur Tür und spähte hinaus. Nicht einmal Schneeweißchens Kätzchen waren wach. Alle drei lagen zusammengerollt auf der Matte vor Inges Zimmer und schliefen. Inge war Monis große Schwester. Die Tür zu ihrem Zimmer stand weit offen.
Knabberchen konnte ins Zimmer sehen.
Und was er sah, ließ ihn erschauern. Er schaute nochmals hin. Ein Bein lag auf dem Boden! Nicht ein ganzes Bein, sondern nur der untere Teil davon. Und unheimlich ruhig war es. Knabberchen trat näher. Je näher er ging, desto unheimlicher war es.
Und als er an der Tür stand, konnte er einen Körper

sehen! Bewegungslos hing er vom Bett herunter. Er trug ein weißes Nachthemd.
Knabberchen fürchtete sich. Etwas Seltsames mußte geschehen sein! Um sicher zu sein, schaute er nochmals hin. Dann eilte er in Monis Zimmer zurück und schrie aus Leibeskräften. Knabberchen hatte keine laute Stimme. Kullerauge öffnete schläfrig ein Auge und sagte ›Schschsch‹ und schlief wieder ein.
Moni drehte sich auf die andere Seite.

Knabberchen war ratlos. Er kletterte auf Monis Schreibtisch. Vielleicht fand er hier oben etwas, das genug Lärm machte, um die Familie zu wecken.
»Das Radio!«, dachte er. »Ich werde das Radio andrehen.« Er betrachtete es. Da gab es drei Knöpfe. Da stand LW/MW. Knabberchen drehte daran. Nichts geschah. Auf dem nächsten stand VOL. Knabberchen drehte ihn rundherum. Wieder geschah nichts. Auf dem nächsten stand AN/AUS, und als er drehte,

wurde er vom Lärm beinahe vom Stuhl geworfen. Das ganze Haus schien vom Lärm zu wackeln.

Alle sprangen aus ihren Betten.

Die Kätzchen sprangen vor Schreck die Treppen hinunter.

Kullerauge fiel fast vom Regal.

Uwe und Karlchen, Monis Brüder, kamen in ihren Pyjamas angerannt.

Mama Berger erschien im Morgenrock, und hinter ihr tauchte Inge auf.
Karlchen erreichte das Radio zuerst und drehte es aus.
»Du liebe Güte, was für ein Lärm«, sagte er. »Wer hat das Radio angedreht?«
Knabberchen stand vor dem Radio und hielt sich die Ohren zu.
»Was hast du da angestellt, Knabberchen?«, fragte Moni. »Warum hast du das Radio angedreht?«
Knabberchen erzählte schnell. Er mußte die Familie wecken. Ein Körper lag in Inges Zimmer!
»Ein Körper? In meinem Zimmer?«, wunderte sich Inge. »Das ist wohl ein Mißverständnis.«
»Das ist kein Irrtum«, sagte Knabberchen. »Kommt und seht es euch selber an.«
Und sie gingen alle in Inges Zimmer.
In Inges Zimmer lag kein Körper auf dem Boden!
»Doch, ich habe einen Körper gesehen«, beteuerte Knabberchen, den Tränen nahe. »Die Beine waren auf dem Boden, und er hing vom Bett herunter. Und er trug ein weißes Nachthemd.«
»Ich trage ein weißes Nachthemd«, sagte Inge schnell. »Und ... oh Knabberchen ... oh! Ich habe gebetet. Ich habe heute viel zu tun und habe Gott gebeten, mir zu helfen. Du mußt mich kniend gesehen haben.«
»Oh«, seufzte Knabberchen erleichtert. »Und ich habe gedacht, daß du verletzt bist.«
Inge kam näher und streichelte Knabberchen.
»Es tut mir leid, dich erschreckt zu haben«, sagte sie.
»Ich war so beschäftigt, mit Gott zu sprechen und ihm

zuzuhören! Ich habe nicht gewußt, daß du dabeistandest.«
Knabberchen schämte sich und ließ den Kopf hängen.
»Es tut mir leid«, sagte er leise. »Aber ich dachte, daß Gott um diese Zeit sowieso nicht zu sprechen war.«
»Oh Knabberchen«, sagte Moni. »Gott ist immer zu sprechen. Komm, wir werden versuchen, noch ein wenig zu schlafen. Bis zum Frühstück dauert es noch lange.«
Und alle gingen wieder ins Bett.
Nur Knabberchen nicht. Die Sonne schien ihm ins Gesicht. Außerdem war er viel zu beschäftigt, darüber nachzudenken, daß Gott immer zu sprechen ist.

Der Streich der Springmäuse

Knabberchen stand vor dem Käfig der Springmäuse. Die beiden Tiere huschten hin und her und nagten an einem Stück Karton. Das taten sie gern; denn aus den Kartonschnitzeln bauten sie in einer Käfigecke ihr Nest. Knabberchen schaute ihnen dabei zu.
Plötzlich hörten die beiden Springmäuse auf zu nagen und schauten Knabberchen an. Sie kamen langsam zum Gitter, stellten sich auf ihre starken Hinterbeine und schnüffelten am Draht. Sie standen eine Weile da und schauten Knabberchen unverwandt an. Oder vielleicht nicht? Vielleicht schauten sie ihn gar nicht an, sondern etwas oder jemanden hinter ihm! Knabberchen wandte sich um. Nein, da gab's nichts anderes, als die leere Küchenwand zu sehen.
Auf einmal begannen die Springmäuse zu winken und mit den Vorderpfoten auf die Wand zu zeigen.
Das fand Knabberchen sehr seltsam.
Was gab es dort zu sehen?
Was gab es auf einer leeren Wand zu sehen, daß die Springmäuse immerzu darauf zeigten und winkten?
Knabberchen hielt es nicht mehr länger aus.

»Was gibt's dort zu sehen?«, fragte er höflich.
Die Springmäuse nahmen keine Notiz von ihm. Sie winkten mit ihren Vorderpfoten und schauten unentwegt zur Wand.
»Was gibt es dort zu sehen?«, wollte Knabberchen wissen. Seine Stimme klang schon lauter.

Die beiden Springmäuse ließen ihre Pfoten sinken.
»Psssst«, sagte Springmaus Nummer eins leise. »Nicht so laut, sonst verschwindet es.«
»Verschwindet?«, fragte Knabberchen überrascht. »Was verschwindet?«
»Das gefleckte Zampassa«, erklärte Springmaus Nummer zwei.
»Ein geflecktes Zampassa?«, wiederholte Knabberchen. »Was ist das?«
»Eines ist dort drüben an der Wand«, flüsterte Springmaus Nummer eins aufgeregt. »Dreh dich ganz langsam um, steh auf dem Kopf, und dann wirst du es sehen können.«
Knabberchen wollte um alles in der Welt dieses geheimnisvolle Wesen sehen. So drehte er sich langsam, sehr langsam um und stellte sich auf den Kopf.

Er war es nicht gewöhnt, auf dem Kopf zu stehen; so dauerte es eine Weile, bis er das Gleichgewicht fand. Dann starrte er an die Wand.

»Ich . . . kann . . . gar . . . nichts sehen«, preßte er hervor. »Gar nichts.«

»Strample mit den Füßen und versuche, wie eine Biene zu summen«, sagte Springmaus Nummer zwei.

Knabberchen plagte sich ab, bis er mit den Füßen in der Luft herumzappeln und wie eine Biene summen konnte.
»Summmmmm, Summmmmm. Ist das vielleicht eine seltsame Art, ein geflecktes Zampassa zu suchen«, dachte Knabberchen. Sein Kopf begann zu schmerzen.
In dem Augenblick trat Moni ins Zimmer.
»Du liebe Güte, du läufst ja an der Zimmerdecke!«, rief Knabberchen aus.
Moni sah die grinsenden Springmäuse, den kopfstehenden Knabberchen und begriff sofort.
»Knabberchen, was in aller Welt tust du da? Du stehst Kopf, wackelst mit den Beinen und summst wie eine Biene. Stell dich wieder auf die Beine und erzähl mir, was hier los ist.«
Knabberchen war froh, endlich wieder auf seinen Beinen stehen und mit dem Strampeln aufhören zu können. Nachdem er wieder auf den Beinen stand, fühlte er sich schwindlig, und es dauerte eine Weile, bis er wieder aufrecht stehen konnte.
»Ich hielt nach dem gefleckten Zampassa Ausschau«, erklärte Knabberchen leise. »Man kann es nur sehen, wenn man auf dem Kopf steht, mit den Beinen wakkelt und wie eine Biene summt . . .«
Moni konnte nicht anders als lachen.
»Knabberchen«, sagte sie, als sie Knabberchens Fell wieder zurechtgestreichelt hatte. »Diese Springmäuse haben dich ganz schön an der Nase herumgeführt. Sie hecken gern Streiche aus. Dich haben sie ganz schön erwischt, nicht wahr? Es gibt überhaupt kein geflecktes Zampassa; und wenn es wahr wäre, meinst du, du könntest es wirklich kopfstehend und

mit wackelnden Füßen besser sehen? Warum standen eigentlich die Springmäuse nicht auch auf dem Kopf?«

Knabberchen antwortete nicht. Er stand ruhig da, und sein Kopf sank tiefer und tiefer. Er drehte sich um. Die Springmäuse waren verschwunden. Sie hatten sich in ihr Nest aus Kartonschnitzeln verkrochen. Knabberchen war es, als höre er sie kichern.

Das war zuviel! Knabberchen rannte aus der Küche, flitzte die Treppe hinauf. Er schluchzte so laut, daß Moni ihn hören konnte. Knabberchen kam sich schrecklich dumm vor und bemitleidete sich furchtbar.

Er schluchzte immer noch leise vor sich hin, als Moni ins Zimmer trat. Er schämte sich, vor anderen dumm zu erscheinen; und darum war er wütend auf die Springmäuse.

»Knabberchen«, sagte Moni leise. »Sei nicht so traurig. Die Springmäuse sind nun mal Lausbuben und machen gern Streiche. Aber sie tun es bloß zum Spaß.«

Knabberchen fand das überhaupt nicht lustig und sagte es auch. »Ach, Knabberchen«, sagte Moni und kitzelte Knabberchen am Bauch. »Du hast nichts dabei gebrochen. Dein Kopf sitzt noch oben, deine Beine werden morgen zwar etwas schmerzen, aber sonst ist es nur halb so schlimm.«

Knabberchen versuchte, das Lachen zu verbeißen. Aber es gelang ihm nicht. Aus dem Lächeln wurde ein Lachen; dann legte er los.

Knabberchen und Moni kugelten sich und lachten, bis es ihnen weh tat. Und Knabberchen lachte sich selber aus.

Dieb! Dieb!

Was war bloß mit Moni los? Sie ging ruhelos im Zimmer auf und ab. Hier und da bückte sie sich und schaute unter den Schreibtisch und unter das Bett. Sie kniete sogar nieder und tastete den Teppich ab.
Auch Kullerauge tat seltsame Sachen! Sie schwirrte und flatterte kreischend durchs Zimmer, auf die Regale, zum Fenster und an den Schränken vorbei.
Die beiden benahmen sich wirklich sehr seltsam.
»Ihr macht mich ganz duselig«, sagte Knabberchen endlich. »Was geht hier vor? Vielleicht kann ich euch helfen.«
Moni hörte auf, wie eine aufgezogene Puppe durchs Zimmer zu gehen.
Kullerauge hörte auf, wie ein verrückter Vogel herumzufliegen.
»Zwei Pralinen sind verschwunden«, sagte Moni. »Gestern hat mir Frau Schäfer eine Schachtel Pralinen gebracht, weil ich wegen einer Erkältung zu Hause bleiben mußte.«
»Pralinen? Pralinen?«, sagte Knabberchen. »Ich habe keine Pralinen gesehen!«
Moni zeigte ihm die Schachtel.
»Es fehlen zwei davon. Bist du sicher, daß du sie nicht

gesehen hast?«, fragte Moni und schaute Knabberchen prüfend an.
Knabberchen begann, sich zu fürchten.
»Knabberchen, zeig mir mal deine Schnauzhaare.«
»Meine Schnauzhaare? Warum denn?«, wollte Knabberchen wissen.
»Mach schon«, sagte Kullerauge. »Zeig uns deine Schnauzhaare.«

Knabberchen trat ganz nahe zu Moni, so daß sie ihn genau betrachten konnte. Auch Kullerauge flog herzu und schaute ebenfalls nach.
Zuletzt sagte Moni ganz traurig.
»Knabberchen, an deinen Schnauzhaaren ist Schokolade.«
Knabberchen konnte es nicht glauben.
»Das ist unmöglich«, stammelte er. »Ich habe deine Pralinen nicht berührt. Ehrlich, Moni.«
»Knabberchen«, sagte Moni. »Du hast meine Pralinen geklaut. Nicht wahr? Gib es doch zu. Du hast mich belogen. Nicht wahr?«

Knabberchen konnte nicht verstehen, wie die Schokolade an seine Schnauzhaare kam. Er hatte die Pralinen nicht gestohlen. Doch Moni glaubte ihm nicht. Auch Kullerauge glaubte ihm nicht. Knabberchen fühlte sich elend und krank. So hatte Moni noch nie mit ihm gesprochen.

Er begann zu weinen. »Ich . . . ich habe die Pralinen . . . nicht genommen«, schluchzte er und rannte aus dem Zimmer.

Er stolperte die Treppe hinunter, rannte durch die Küche hinaus in den Garten. Er eilte durch den Garten bis unter den Brombeerstrauch. Nie mehr würde er zu Bergers zurückkehren. Nie, nie, nie mehr. Er kuschelte sich in ein Loch unter einen moosbewachsenen Stein, und die Tränen kullerten über seine flauschigen Wangen.

Moni kam langsam die Treppe hinunter. Mutter stand in der Küche und machte einen Schokoladekuchen.

»Hallo, Moni! Was ist los?«, sagte Mama Berger, als Moni in die Küche trat.

»Ist Knabberchen eben in der Küche gewesen?«, fragte Moni.

»Nein«, antwortete Mama Berger. »Ich habe ihn nicht bemerkt. Ich war zu beschäftigt mit meinem Kuchen. Vor einer halben Stunde war er hier. Ich habe ihm ein bißchen Schokolade gegeben. Er hat sich riesig darüber gefreut.«

Moni blieb stehen.

»Du hast ihm Schokolade gegeben!?«, sagte sie sehr langsam.

»Ja«, sagte Mama Berger. »Er hat soviel davon gefuttert, daß ich ihm die Schnauzhaare säubern mußte.«

»Du liebe Zeit!«, rief Moni. »Ich habe etwas Schreckliches getan!« Sie überlegte nicht lange. »Ich muß ihn sofort suchen gehen.«

Sie rannte in ihr Zimmer und schlüpfte in die Schuhe. Und da waren auch die Pralinen! Sie lagen in den Schuhen und wurden zerdrückt. Sie waren aus der Schachtel in ihre Schuhe gefallen, und niemand hatte dort nachgesehen.
»Ich muß ihn finden«, sagte Moni. »Es wird schon bald dunkel.«
Es war schon fast Nacht, als sie ihn endlich fanden. Alle suchten: Mama, Paps, Uwe, Karlchen, Inge, Kullerauge und Moni. Der ganze Garten wurde abgesucht. Sogar der Brombeerbusch am Gartenzaun. Und dort fand ihn Moni endlich. Er war immer einsamer und einsamer geworden und weinte immer noch. Ihr kleiner, süßer Hamster saß unter einem Stein.
»Knabberchen«, sagte Moni leise. »Es tut mir so leid. Ich habe dich einen Dieb und einen Lügner genannt. Nun weiß ich, daß es nicht wahr ist. Es tut mir so leid.«
»Und mir auch«, kreischte Kullerauge. Sie war plötzlich hinter einem Busch aufgetaucht.
Knabberchen schaute beide durch seine Tränen an. Er war so froh, daß sie ihn gefunden hatten! So froh! Moni hob ihn auf, und er schmiegte sich an ihren Nacken.

»Sind wir wieder Freunde?«, fragte Moni leise.
»Ja, wir sind wieder Freunde«, antwortete Knabberchen. Und dann gingen sie zusammen nach Hause.

Von vielen Freunden umgeben

Wie gewöhnlich wachte Knabberchen am nächsten Morgen im Kissen auf. Er zitterte, als er an das Loch unter dem Stein im Brombeergebüsch dachte. Wie kalt war es dort! Wie einsam hatte er sich gefühlt, und wie glücklich war er gewesen, als Moni erschien! Moni hatte sich bei ihm entschuldigt! Oh, Knabberchen fühlte sich schon erwachsen.
Schläfrig dachte er an all das, was geschehen war, seitdem er versucht hatte, wie ein Kätzchen zu springen. Ein Hamster zu sein, war doch viel besser und angenehmer, überlegte er sich. Und dann das

schreckliche Feuer! Er dachte nicht gern daran. Viel schöner war es, an Frank, den Tank, und Rotkopf zu denken. Wie viel war geschehen! Wie viel hatte er gelernt! Kein Wunder, daß er sich erwachsen vorkam.
Auf einmal erinnerte er sich an sein Haus, Hamsterhausen. Es war sein eigenes Heim. Er begann zu summen:

»Wie schön ist es im eignen Haus,
im Schaukelstuhl zu sitzen
und sich am neuen Heim zu freu'n,
das mir allein gehört.
Ich habe auch ein warmes Bett
und einen Tisch und Stühle.
Wer hat denn Angst im Pappkarton?
Das ist mein schönes Heim!«

»Stimmt«, sagte Knabberchen. »Es ist Zeit, daß ich wieder mal nach meinem Haus sehe.«
Er krabbelte aus dem Kissen und eilte durchs Zimmer.

Dort bei der Tür stand sein Haus. Knabberchen betrachtete es lange und trat ein. Es war wirklich nett und gemütlich drin. Doch noch immer mochte er nachts nicht allein sein.
»Die Springmäuse schlafen nachts auch in ihrem Haus«, dachte er. »Ich werde sie mal fragen.«
Die Springmäuse hatten mal keine Flausen im Kopf und waren jetzt froh, mit Knabberchen plaudern zu können.
»Wißt ihr«, erklärte Knabberchen. »Ich mag mein Haus tagsüber sehr. Doch wenn es dunkel ist, fühle ich mich sehr einsam darin. Könnt ihr mir helfen?«
Springmaus Nummer zwei hörte einen Moment auf zu knabbern.
»Wenn du nicht allein sein willst, sieh zu, daß du einen Kameraden bekommst«, sagte sie.
»Und wie soll ich das machen?«, fragte Knabberchen.
»Warum hängst du nicht ein paar Bilder auf?«, sagte eine Stimme von der anderen Seite des Küchentischs. Es war Paps Berger. Er kam aus dem Garten und wusch sich die Hände.
»Bilder?«, wunderte sich Knabberchen. »Von wem denn?«
»Von deinen Freunden«, sagte Paps und hängte das Handtuch auf.
»Da ist doch das schöne, farbige Bild von Kullerauge und dir. Ich bin sicher, daß du von all deinen Freunden Bilder kriegst. Hier ist ein Bild von Mama und mir. Du kannst es auf den Tisch stellen, wenn du willst.«
Knabberchen nahm das Bild und betrachtete es.
»Oh, das ist hübsch«, sagte er. »Vielen Dank.«

Und tief in Gedanken versunken ging er die Treppe hinauf in Monis Zimmer.
Moni war unterdessen wachgeworden und las im Bett. Kullerauge war mit ihrer Morgentoilette beschäftigt.
»Hallo«, sagte Knabberchen, als er ins Zimmer trat.
»Kann ich ein paar Bilder von euch beiden haben?«
Moni legte ihr Buch hin. Kullerauges Kopf erschien aus den Rückenfedern. Mit großen Augen blickte sie Knabberchen an.
»Bilder?«, sagten beide miteinander.
»Ja«, sagte Knabberchen. »Ich möchte endlich in meinem Haus schlafen und mich nicht so einsam füh-

len. Paps sagte, daß man sich mit Bildern von seinen Freunden nicht einsam fühlt.«
Moni dachte nach.
Kullerauge zwinkerte mit den Augen.
»Das ist eine sehr gute Idee«, sagte Moni. »Ich werde sehen, ob ich nicht ein paar Bilder finde. Dann werden wir sie in deinem Haus aufhängen.
»Ich werde mithelfen«, sagte Kullerauge. »Ich sehe mir gern Bilder an.«
Und es dauerte nicht lange, da hatte Moni auf dem Regal ein Bild von Kullerauge gefunden und eines von sich selbst. Sie zeichnete ein Bild von Frank, dem Tank. Während Moni in der Küche war, brachten Inge, Uwe und Karlchen ihre Bilder. Moni fand Bilder von den drei Kätzchen und den Springmäusen. Knabberchen war begeistert.
Er war lange damit beschäftigt, die Bilder an die Wand zu hängen und auf den Tisch zu stellen. Als er damit fertig war, war sein Haus voller Freunde.
»Es fehlt noch was«, sagte Moni. »Hier ist ein Spiegel. Wenn du dich trotzdem einmal einsam fühlen solltest, guck in den Spiegel! Du kannst dich dann mit Rotkopf unterhalten.«
»Wunderbar«, hauchte Knabberchen und dachte an die Worte von Springmaus Nummer zwei. »Dann sind wir ja zu zweit.«
»Nein«, widersprach Moni. »Zu dritt.«
»Zu dritt?«, wunderte sich Knabberchen. »Wer ist der Dritte?«
»Gott. Vergiß nicht, daß Er immer bei dir ist.«
»Gott«, sagte Knabberchen leise. »Wie kommt er denn durch die Tür rein?«
Moni lächelte. Es war wirklich eine sehr kleine Tür.

»Er wird schon einen Weg finden«, sagte sie überzeugt.
Als es Zeit zum Schlafen war, kletterte Knabberchen nicht in Monis Kissen. Er legte sich in seinem weichen, warmen Bett in der Ecke seines Hauses nieder. Er schaute sich um. Da hingen alle seine Freunde an der Wand, und so fürchtete er sich nicht mehr.

Er lachte mit den beiden Springmäusen.
Frank, der Tank, machte, daß es schön warm war.
Er schaute von Mama Berger zu seinem neuen, schicken Mantel und konnte beinahe das Surren der Nähmaschine hören.
»Gute Nacht, Kullerauge. Gute Nacht, Moni«, flüsterte er. »Ich sehe euch morgen alle wieder.«
Seine Augen waren schon halb geschlossen, als er sich erinnerte, daß noch jemand da war.
»Gute Nacht, lieber Gott«, sagte er schnell. »Ich hoffe, daß du dich ohne Bilder nicht einsam fühlst.«
Und schon war Knabberchen eingeschlafen.

Der gefleckte Hund

Knabberchen saß in seinem Lieblingsstuhl in seinem Haus. Er gehörte nun wirklich ganz zur Familie. Moni war natürlich eine Ausnahme, aber sie gehörten alle dazu: Mama und Paps Berger, Inge, Karlchen und Uwe. Und er hatte so viele Freunde kennengelernt. Ihre Bilder lächelten ihm von der Wand entgegen. Knabberchen war sehr, sehr glücklich.
Doch heute wollte er auf Entdeckungsreise gehen. Er steckte seinen Kopf zur Tür hinaus. Kullerauge saß auf ihrem Regal.
»Kullerauge«, sagte Knabberchen, »willst du mit mir kommen? Ich gehe auf Entdeckungsreise in den Garten.«

Kullerauge entfaltete ihre Flügel ein wenig und nickte. Es war ein Von-links-nach-rechts-Nicken, das Nein bedeutete, und kein bejahendes Auf-und-Nieder-Nicken.

»Schade«, antwortete Kullerauge. »Ich habe Billy, der Ente, versprochen, ihn anzurufen und ihn zu besuchen. Warte doch bis morgen, dann komme ich auch mit.«

Doch Knabberchen wollte jetzt und heute auf Entdeckungsreise gehen, und das sagte er Kullerauge denn auch.

»Besser, du läßt es«, warnte Kullerauge. »Du bist klein, und es ist nicht auszudenken, was dir da draußen zustoßen kann.«

»Oh, ich kann schon auf mich aufpassen«, sagte Knabberchen überzeugt.

Die Eule antwortete nicht; doch man konnte ihr ansehen, was sie von Knabberchens Plänen hielt.

»In Ordnung«, sagte sie schließlich. »Wenn es unbedingt sein muß, dann geh' auf eigene Faust. Sag' aber nicht, daß ich dich nicht gewarnt hätte.« Und damit flog Kullerauge davon.

»Viel Lärm um nichts«, murmelte Knabberchen und machte sich auf den Weg in den Garten.

Bergers Haus stand auf einem Hügel, und der Garten war sehr steil angelegt. Um zum Brombeergestrüpp am Zaun zu kommen, mußte er einige Treppen hinauflaufen, was ihn außer Atem brachte. Als er bei den Himbeeren angelangt war, beschloß er, eine Ruhepause einzuschalten. Es war ein wunderschöner Tag, so richtig zum Ausruhen und Nachdenken geschaffen.

Knabberchen legte sich auf den warmen Boden. Er

lag da, ruhte aus, dachte nach, als plötzlich ein gefleckter Hund durch den Garten kam.
Es war ein sehr großer und ein sehr magerer Hund, und es war bestimmt ein sehr hungriger Hund.
Knabberchen beobachtete ihn aufgeregt. »Ob Hunde wohl Hamster fressen?«, fragte er sich.
Davon war er nicht so überzeugt; so schaute er sich nach einem Versteck um. Man konnte ja nicht wissen.
Da stand gerade eine Rhabarberstaude.
»Genau das richtige«, entschied sich Knabberchen schnell – und verschwand unter den großen Blättern.
Er saß mucksmäuschenstill im kühlen Schatten.
Knabberchen konnte das Schnüffeln des Hundes hören. Plötzlich ein lautes Klappern. Das war doch der Deckel vom Kehrichteimer!

»Du liebe Güte, muß der Hund hungrig sein, wenn er sich über den Abfalleimer hermacht«, dachte Knabberchen und zitterte.
Er hörte die Hundefüße näherkommen. Jetzt kamen sie die Treppe hinauf.
»Oh, hoffentlich kommt er nicht hierher«, dachte Knabberchen und schluckte.
Die Rhabarberblätter begannen zu zittern. Er spürte den Atem des Hundes über sich. Ein großes, schwarz-weiß geflecktes Hundegesicht tauchte auf und blickte auf ihn hinunter. Knabberchen war steif vor Angst.
Der gefleckte Hund beschnupperte ihn von oben bis unten. Dann war er so schnell verschwunden, wie er aufgetaucht war.
Knabberchen war sehr froh.
»Ich mag keine gefleckten Hunde«, flüsterte er den Rhabarberblättern zu. Dann ein bißchen lauter. »Ich mag keine gefleckten Hunde!«
Als er sich versichert hatte, daß der Hund gegangen war, trat er aus seinem Blätterversteck hervor und begann laut zu singen.

»Ich mag die gefleckten Hunde nicht,
ich mag die gefleckten Hunde nicht,
und ganz besonders dann nicht,
wenn sie mich in den Rhabarberblättern
beschnüffeln!
Ich mag keine gefleckten Hunde!«

So schnell, wie er nur konnte, eilte er die Steintreppen hinunter und flitzte hinauf in Monis Zimmer.
Kullerauge war von ihrem Besuch bei der Ente bereits zurückgekehrt und erzählte Moni von der Reise. Als Knabberchen ins Zimmer gerannt kam, unterbrachen die beiden ihr Gespräch und schauten Knabberchen an.
»Hallo!«, sagte Moni. »Du bist ja ganz heiß und verschwitzt vom Laufen. Was ist geschehen?«
»Oh, gar nichts!«, sagte Knabberchen. »Wirklich gar nichts.«
»Irgend etwas hat dich doch erschreckt«, sagte Kullerauge langsam. »Erzähl schon, Knabberchen.«
Und die Worte kullerten nur so heraus. Bald hatte Knabberchen die ganze Geschichte erzählt.
»Ich habe mich so gefürchtet«, schloß Knabberchen seinen Bericht.
»Und du hattest keinen Grund dazu; Gott hat auf dich aufgepaßt«, sagte Moni.
»Oh«, wunderte sich Knabberchen. »Woher weißt du das?«
»Ich habe ihn darum gebeten«, antwortete Moni. »Auf Gott kann man sich verlassen.«
Knabberchen schaute zu Kullerauge hinüber.
»Bei unserem nächsten Ausflug werden wir zu dritt sein«, sagte er glücklich. »Du und ich und Gott.«

Knabberchen lernt ein seltsames Tier kennen

Kullerauge saß auf ihrem Regal über der Tür und schlief tief und fest.
»Guten Morgen, Kullerauge«, sagte Knabberchen. – Keine Antwort.
»Guten Morgen, Kullerauge«, wiederholte Knabberchen.
Kullerauge öffnete ein Auge, schaute, wer einen solchen Lärm machte, schloß das Auge wieder und schlief weiter.
»Guten Morgen, Kullerauge!«, rief Knabberchen laut.
Kullerauge öffnete diesmal beide Augen und fand sogar ihre Stimme.
»Guten Morgen, Knabberchen. Einen Augenblick; ich muß mich erst strecken und einmal gähnen, dann komme ich zu dir«, sagte sie.
Sie streckte sich, sie gähnte und flog zu Knabberchen.
»Heute haben wir etwas Wichtiges vor«, sagte sie.
»Oh, und was ist das?«, wollte Knabberchen wissen.

»Wir müssen zur Garage hinuntergehen und Simson besuchen. Er will dich unbedingt kennenlernen.«
Simson war Monis Schildkröte. Im Winter lebte er unter einem alten Regenmantel in einer ausgedienten Badewanne in der Garage. Im Sommer lebte er draußen auf der Wiese. Simson hatte es nie eilig, denn er war sehr alt und weise. Er gab sehr gern Ratschläge und spielte mit Kullerauge Schach.
Er hatte nur einen Fehler: Er wanderte furchtbar gern. Manchmal hatte er Bergers Garten einfach satt und lief weg in einen Nachbargarten. Falls er sich mal verirren sollte, hatte Paps ihm eine große 63 auf den Rücken gemalt. Der Finder würde Simson dann in die Nummer 63 zu Bergers zurückbringen.
Kullerauge und Knabberchen gingen in die Garage hinunter und öffneten die Tür. Da drinnen stand wirklich eine ausgediente Badewanne; darin lag ein alter Regenmantel, und darunter war Simson.
Knabberchen konnte nur eine harte, rauhe Schale mit der Nummer 63 sehen. Er war sehr überrascht. So was wie Simson hatte er in seinem ganzen Leben noch nie

gesehen. Die Schildkröte schien weder einen Kopf noch Beine zu haben.
»Wo ist der Kopf?«, fragte Knabberchen.
Beim Ton von Knabberchens Stimme begann sich die Schale zu bewegen. An einem Ende erschien ein verrunzeltes, ledernes Gesicht, und an jeder Ecke kam ein Bein zum Vorschein.
»Du liebe Zeit, was ist das für ein komisches Ding?«, rief Knabberchen aus. »Wie macht es das, sich so zu bewegen?«
Kullerauge grinste Knabberchen zu und bedeckte ihren Schnabel mit einem Flügel.
»Pssst«, sagte sie. »Es ist unhöflich, so zu sprechen.«
Simson bewegte seinen Kopf . . . auf und ab . . . auf und ab . . . nach links und nach rechts . . . doch er sprach immer noch kein Wort.
»Was für ein häßliches Gesicht«, sagte Knabberchen und nahm keine Notiz von Kullerauges Kopfschütteln. »Es ist ganz runzelig.«
Simson rollte seine Augen.
»Du liebe Güte, bist du alt!«, sagte Knabberchen und starrte Simson an.
Kullerauge hielt es nicht mehr länger aus.
Sie sprang auf ihre Füße und hüpfte auf und ab.
»Simson, darf ich dir meinen Freund Knabberchen, den Hamster, vorstellen«, sagte sie schnell, bevor Knabberchen weitersprechen konnte.
Simson stand wortlos da.
Knabberchen wartete und wandte sich dann an Kullerauge.
»Warum sagt er nichts?«, fragte er.
»Ich werde etwas sagen, wenn ich etwas zu sagen

habe«, sagte die Schildkröte langsam und bedächtig. »Wenn ich etwas sage, hat es auch einen Sinn.« Sie kam näher zu Knabberchen. »Ich freue mich, deine Bekanntschaft zu machen«, sagte er. »Ein Freund von Kullerauge ist auch mein Freund.«
Diesmal wußte Knabberchen nichts zu sagen. Er platzte fast vor lauter Neugierde und Fragen. Doch bevor er den Mund aufmachen konnte, hatte ihn Kullerauge schon weggezerrt.
»Es ist wohl besser, wir lassen Simson allein, damit er seinen Tee trinken kann«, sagte sie entschlossen. Sie schob Knabberchen zur Garage hinaus und in Monis Zimmer hinauf.
»Knabberchen«, begann sie, als sie außer Hörweite waren. »Wie konntest du nur so taktlos sein und all diese unhöflichen Dinge zu Simson sagen!? Du warst sehr grob. Ich weiß nicht, was Simson von dir denkt. Du hast überhaupt keine Manieren.«

Und bevor Knabberchen streiten und Fragen stellen konnte, flatterte Kullerauge auf ihr Regal, steckte den Kopf ins Gefieder und saß still da. Sie wollte scheinbar nicht mehr sprechen.
Knabberchen hatte reichlich Zeit, über Kullerauges

Worte nachzudenken. Vielleicht war er doch zu unhöflich gewesen.
Als es Zeit zum Schlafengehen war, erzählte er Moni, was geschehen war.
»Was habe ich falsch gemacht?«, fragte er. »Simson ist alt und mager, und komisch sieht er auch aus.«
»Auch wenn es so ist; aber sagen darf man so was nicht«, sagte Moni. »Es ist nicht immer gut, das zu sagen, was einem gerade einfällt. Es kann die Gefühle der Leute verletzen. Der Anblick ist nicht das Wichtigste. Simson mag seltsam aussehen, aber er ist wirklich sehr nett. Frag mal Kullerauge.«
Am nächsten Morgen weckte Knabberchen die Eule sehr früh, um sich zu entschuldigen. Sie gingen zusammen in die Garage hinunter.
Knabberchen wollte alles gutmachen.
»Simson«, sagte er. »Ich möchte einen Rat von dir haben . . .«
Er hätte Simson keine größere Freude machen können! Bald waren sie in ein langes Gespräch vertieft. Es tat Knabberchen leid, als er sich verabschieden mußte. Er betrachtete Simson. Eigentlich sah er gar nicht so alt und so seltsam aus! Simson und Knabberchen waren Freunde geworden!

Erntedankfest

Es war Erntezeit, und Moni war dabei, Knabberchen den Sinn des Erntedankfestes verständlich zu machen.
»In dieser Jahreszeit bringen wir die Ernte ein und danken Gott für alles, was er uns gegeben hat.«
»Oh«, sagte Knabberchen, »das ist aber sehr nett von ihm.«
Moni lächelte. Natürlich hatte Knabberchen recht; aber er drückte sich manchmal drollig aus.
»Zum Erntedankfest macht Mama immer zwei Apfeltorten. Die eine heißt Familientorte und die andere Kirchentorte. Mama backt gern leckere Sachen für uns.«
Knabberchen wollte eben fragen, was eine Kirchentorte ist, als Mama aus der Küche rief:
»Moni, hol doch bitte einige Äpfel aus dem Garten.«
»Jaaa«, rief Moni zurück. »Ich zieh mir meine Gummistiefel an. Möchtest du mitkommen, Knabberchen? Ich brauche Hilfe beim Ernteeinbringen.«
»Oh ja«, jubelte Knabberchen. »Ernteeinbringen« tönte verlockend. Er wollte nichts davon verpassen.
Moni fand einen Korb und ging in den Garten. Knabberchen trippelte hinter ihr her. Am Ende des Gartens

standen drei Apfelbäume. Moni ging auf den Baum zu, der beim Zaun stand.
Knabberchen fand das Gehen ziemlich ermüdend. Seine Füße waren bald voller Erde. Und zu guter Letzt kam er überhaupt nicht mehr vorwärts. Er blieb einfach stecken! Knabberchen konnte nichts anderes tun, als sich zu setzen und den Dreck von den Füßen zu kratzen. Und als er so saß, entschloß sich ein reifer Apfel, vom Baum zu fallen. Er kümmerte sich nicht darum, wohin er fiel und landete – plumps – direkt auf Knabberchens Kopf.
»Autsch!«, schrie dieser. »Das war aber ein schwerer Apfel!«
Moni hob den Apfel auf und legte ihn in den Korb.
»Er hat nichts abgekriegt«, sagte sie erfreut.
Knabberchen schaute Moni verwundert an. Er wollte fragen: »Und was ist mit meinem Kopf?« Doch er kam nicht dazu.
»So«, sagte Moni. »Ab auf den Baum mit dir! Du schüttelst die reifen Äpfel, und ich sammle sie ein.
Knabberchen rieb seinen Kopf. Er hielt nicht gerade viel vom Bäumeklettern. Er beobachtete mal Schneeweißchens Kätzchen in den Ästen eines Bau-

mes beim Spielen. Es sah zwar einfach aus, aber er war ein Hamster, und diese kletterten im allgemeinen nicht auf Bäume.
Knabberchen sagte nichts. Er begann zu klettern. Es war viel leichter, als er es sich vorgestellt hatte, und bald befand er sich schon ziemlich weit oben; so sah es wenigstens aus. Er schaute hinunter. Der Boden lag weit unter ihm. Knabberchen wurde schwindlig.
»Schüttle, Knabberchen!«, rief Moni von unten.
Knabberchen versuchte mit allen Kräften, den Ast zu schütteln, auf dem er saß, doch dieser bewegte sich nicht. Er zog und rüttelte, schnaufte und keuchte, doch der Ast rührte sich nicht.
»Ein bißchen mehr Schwung!«, rief Moni. »Mach schon, sonst kriegen wir die Äpfel für Mamas Kuchen nie. Schüttle tüchtig!«
Knabberchen biß sich auf die Zähne, atmete tief und versuchte es nochmals. Und plötzlich rutschte er mit seinen Füßen aus. Er hatte immer noch Dreck an den Füßen und verlor das Gleichgewicht. Er fiel rückwärts vom Ast und stürzte kopfüber ins Leere. Bums – und da war auch schon der Boden.
»Oh!«, schrie er. »Oooohhhhh!«
Moni eilte hinzu.
»Was fällt dir ein, so bald vom Baum herunterzukommen!«, sagte sie. »Wir haben noch keinen einzi-

gen Apfel. Bleib' du beim Korb. Ich schüttle die Äste.« Und damit ging sie auf den mittleren Baum zu. Knabberchen war so froh, beim Korb bleiben zu können. Nichts war schlimmer, als nochmals auf den Baum klettern zu müssen.

Moni ergriff einen Ast und begann zu schütteln. Und sie schüttelte und schüttelte und schüttelte. Die Äpfel kamen nur so heruntergepurzelt, und zwar direkt auf Knabberchen! Armer Knabberchen. Er konnte den Äpfeln einfach nicht früh genug ausweichen; und bevor er sagen konnte »einen Korb voller Äpfel«, steckte er bis zu den Ohren darin.

»Warum hebst du sie nicht auf?«, fragte Moni, als sie den Korb holen wollte. »Du bist heute aber sehr langsam.«

Knabberchen begriff nichts mehr. Seine Füße waren mit Dreck bedeckt. Sein Kopf war voller Beulen. Das schien gar keinen Eindruck auf Moni zu machen. Heute hatte er wirklich einen schlechten Tag. Doch endlich war der Korb voll. Sie trugen ihn in die Küche.

Mama Berger hatte schon das Kuchenblech bereitgestellt. Bald darauf schälte und schnitt sie eifrig die Äpfel. Sie schaute Knabberchen an, sah seine schmutzigen Füße und den verbeulten Kopf.

»Was ist denn geschehen, Knabberchen?«, fragte sie.

»Macht nichts«, sagte sie, als er alles berichtet hatte. »Wart erstmal, bis der Kuchen fertig ist. Du wirst sehen, daß es sich gelohnt hat.«

So wartete Knabberchen, guckte zu und wartete, bis Mama Berger die Tür vom Backofen öffnete und den herrlichen Kuchen herausnahm. Es roch wunderbar.

Knabberchen durfte davon versuchen; er war sicher, daß sich die Beulen dafür gelohnt hatten.
Mama Berger wusch ihre Hände, zog die Schürze aus, und dann setzten sich alle zu Tisch. Mama schloß ihre Augen und sagte: »Gott, wir danken dir für den feinen Kuchen und für die Verheißung, daß wir immer Saat und Ernte haben werden.«
»Ja«, sagte Knabberchen, und rieb seine Beulen. Dann fügte er leise hinzu: »Und mach, daß das Ernten ein bißchen leichter geht.«

Fred, die schwarze Möwe

Monis Bruder Karlchen hielt eine Möwe in der Hand. Sie sah zwar nicht nach einer Möwe aus; sie war über und über mit einer schwarzen Schicht bedeckt. Knabberchen konnte fast nicht glauben, daß es ein Vogel war. Moni glaubte nicht, daß dieser Vogel überhaupt lebte.
»Schnell«, sagte Karlchen, »hol warmes Seifenwasser!«
Moni eilte in die Küche. Knabberchen stand neben Karlchen.
»Wo hast du ihn gefunden?«, fragte Knabberchen, als Karlchen das schmutzige Bündel auf den Boden neben die Blumentöpfe legte.
»Gleich vorne beim Gartentor«, antwortete Karlchen. »Ich wollte eben mit meinem Fahrrad wegfahren, als ich dieses schwarze Bündel vorne auf der Straße liegen sah. Ich fragte mich, was es sein könnte und ging näher. Da bewegte es sich. Ich konnte die Möwe nicht auf der Straße liegenlassen, und so brachte ich sie hierher. Guck dir das an!« Er winkte Knabberchen näher heran.

Knabberchen hatte noch nie eine Möwe von nächster Nähe gesehen. Er konnte nur einen Kopf und einen großen, grauen Schnabel erkennen. Der Schnabel öffnete und schloß sich schwach. Die Möwe stieß seltsame, krächzende Töne aus. Ihre Augen waren halb offen und blickten traurig und hoffnungslos. Die Federn klebten mit einer Art von schwarzer Masse zusammen. Der Vogel atmete nur noch ganz schwach und bewegte sich kaum.
»Können wir ihr nicht helfen?«, fragte Knabberchen traurig.

Da erschien Moni mit einer Schüssel Seifenwasser. Sie sah sich den Vogel näher an.
»Oh«, rief sie aus. »Wie kann eine Möwe bloß so schmutzig werden?«
»Es ist Öl«, belehrte sie Karlchen. »Sie muß irgendwo am Strand mit Öl in Berührung gekommen sein und hat es noch bis auf die Straße geschafft. Moni, du hältst die Möwe fest, und ich will versuchen, das Öl wegzukriegen.«
Knabberchen trat zurück und schaute den beiden bei der Arbeit zu. Sie wischten behutsam das Öl von den Augen des Vogels und reinigten seinen Kopf und die Flügel. Es war eine mühsame Arbeit, aber sie kamen voran. Das Wasser in der Schüssel wurde immer schmutziger, und die Möwe wurde immer weißer. Die

Federn klebten nicht mehr zusammen, und bald waren auch die Flügel vom Öl befreit. Das krächzende Geschrei der Möwe war nicht mehr so ängstlich.
Endlich legte Karlchen den Lappen beiseite und trocknete die Möwe mit einem Handtuch ab.
»Das hätten wir«, sagte er nach getaner Arbeit. »Nun müssen wir was finden, wo wir die Möwe reinsetzen können.«
Mama Berger hatte vom Küchenfenster aus zugeschaut. Sie öffnete das Fenster und schob eine Kartonschachtel heraus.
»Versuch es damit«, sagte sie. »Wenn es klappt, kannst du die Schachtel mit dem Vogel in die Küche neben die Heizung stellen. Wenn die Möwe sich einen Tag oder zwei ausruht, wird sie sich vielleicht wieder erholen.«
Die Schachtel paßte. Die Möwe schlief den ganzen Tag und die ganze Nacht. Als es Zeit zum Schlafengehen war, bat Moni den lieben Gott, ganz besonders auf die Möwe achtzugeben.

Knabberchen erwachte früh am nächsten Morgen. Moni war schon aufgestanden. Auch Karlchens Bett war schon leer; und das soll was heißen.
Knabberchen folgte ihnen in die Küche und zur Schachtel neben der Heizung. Fred, die Möwe, war quietschlebendig. Er klapperte mit dem Schnabel und krächzte ein heiseres »Guten Morgen«.
»Danke, lieber Gott«, sagte Moni froh. »Du hast Fred gerettet.«
»Ja«, sagte Karlchen und nickte.
Während der folgenden Tage verbrachten Knabberchen, Karlchen und Moni viel Zeit mit Fred. Er wurde zutraulich und erkannte sie, wenn sie ihn riefen.
»Krark, Karl!«, schrie er mit seiner heiseren Stimme. »Krok, Moni«. Doch Knabberchens Namen konnte er nicht aussprechen.
Fred wurde jeden Tag kräftiger. Bald strolchte er allein in der Küche herum, und eines Tages schaffte er es bis in den Garten. Zuerst stolzierte Fred herum, dann hopste er, und zuletzt versuchte er zu fliegen.
»Es dauert nicht mehr lange, und Fred fliegt davon«, sagte Karlchen ein bißchen traurig.
»Ich werde ihn vermissen«, sagte Moni.
Knabberchen sagte nichts.
Der Tag kam, an dem Fred auf den Zaun hüpfte und in den Apfelbaum flog. Mit einem letzten Blick zum Haus öffente er seine Flügel, schwang sich in die Luft und war bald außer Sicht.
Fred, die Möwe, war gegangen. Karlchen und Moni blieben stehen, schauten ihr nach. Doch Fred war endgültig gegangen, weg in die Lüfte und in den freien Himmel.
Knabberchen war sehr enttäuscht, als Fred nicht

mehr zurückkehrte. Karlchen und Moni hatten sich so um Fred gekümmert, während sie sich sonst in dieser Zeit hätten tummeln können.
»Warum habt ihr euch soviel Mühe mit Fred gegeben?«, fragte Knabberchen am anderen Morgen nach dem Frühstück.
Karlchen und Moni schauten einander an.
»Warum?«, sagte Moni langsam. »Warum denn nicht?«
»Fred brauchte Hilfe«, sagte Karlchen. »Darum halfen

wir ihm. Wenn wir nett zu Gottes Kreaturen sind, sind wir gleichzeitig auch nett zu Gott.«
»Ist Gott eine Möwe?«, wollte Knabberchen wissen.
Moni fiel fast vom Stuhl. Karlchen grinste. Und Paps Berger lachte schallend.
»Ist Gott eine Möwe?«, lachte er. »Du hast wirklich seltsame Ideen, Knabberchen. Gott hat die Möwen geschaffen, und wenn eine von ihnen verletzt ist, ist Gott traurig. Wenn du und ich einer Möwe helfen, machen wir Gott wieder froh.«
»Könnt ihr mir eine schmutzige Möwe verschaffen?«, fragte Knabberchen plötzlich. »Ich möchte Gott gern frohmachen.«
»Schau dich um«, sagte Karlchen langsam. »Du wirst viele Gelegenheiten finden, wenn du die Augen offenhältst.«

Monis Kettchen

Moni war schrecklich aufgeregt. Der Postbote hatte eben ein Päckchen für sie abgegeben. Sie wußte, von wem es war, aber nicht, was darin war. Ungeduldig riß sie die Verpackung auf. Endlich hatte sie das Päckchen geöffnet und sah eine kleine Schachtel. Sie machte sie auf, und darin lag auf rosa Watte ein hübsches Silberkettchen.
Moni sagte: »Oh!« Ganz sorgfältig nahm sie das Kettchen aus der Schachtel und ließ es langsam über das Handgelenk gleiten. Es war wunderschön. Auch Kullerauge und Knabberchen fanden es wunderschön.
»Kann ich es mal halten?«, bat Knabberchen.
»Ja«, sagte Moni. »Aber gib acht!«
Knabberchen nahm es Moni behutsam ab und hielt es in seinen Händen. Indem er so gut aufpaßte, daß das Kettchen nicht zerbrach, merkte er gar nicht, daß er am Ende der Schreibtischplatte stand. Er trat einen Schritt zurück. Und bevor man bis drei zählen konnte, war Knabberchen verschwunden. Es war ein langer Weg vom Schreibtisch auf den Boden. Auf dem halben Weg nach unten blieb Knabberchen an einem Haken hängen, an dem sonst eine Schere zu hängen pflegte. Aber heute hing dort keine Schere; nur Knabberchen und das Kettchen blieben dort ein paar

Sekunden hängen. Das Kettchen verfing sich am Haken. Dann dehnte es sich und zerbrach unter Knabberchens Gewicht. Plumps – landete Knabberchen am Boden. Das Kettchen hatte er um seinen Kopf gewickelt.

Armer Knabberchen. Es war schrecklich.
Arme Moni. Sie war den Tränen nahe.
Arme Kullerauge. Ihr taten beide leid.
Lange standen sie da und schauten auf das zerbrochene Kettchen.
Moni faßte sich als erste. Sie hob das Kettchen auf und betrachtete es genau.
»Das läßt sich wieder in Ordnung bringen«, sagte sie.
»Nur der Verschluß ist hin. Es macht nichts, Knabberchen, du bist nicht schuld daran; es war ein Mißgeschick.«
Moni war so nett. Ihr neues Kettchen war kaputt, und dennoch machte sie Knabberchen keinen Vorwurf.
»Danke«, sagte Knabberchen leise. Er war wütend auf sich.

»Ich werde Paps bitten, es morgen zum Juwelier zu bringen«, sagte Moni tapfer. »Dort können sie es bestimmt wieder in Ordnung bringen, und ich habe es in ein paar Tagen wieder.«
Knabberchen nickte und schlich aus dem Zimmer. Er sah nicht, daß Moni in Tränen ausbrach, kaum daß er den Raum verlassen hatte.

Die Kinder von Frau Schneeweißchen, Tina, Kuschi und Misch-Misch, spielten auf der Treppe Verstekken. Knabberchen war so bedrückt, daß er sie gar nicht sah.
Er trat unversehens auf ein Fell, stürzte kopfüber und purzelte die Treppe hinunter. Purzel-purzel – runter-runter gings. Das war zuviel. Knabberchen rappelte sich auf und schrie die Kätzchen an.
»Wißt ihr nicht, daß es gefährlich ist, auf der Treppe Verstecken zu spielen?! Habt ihr nichts Besseres zu tun?!« Knabberchen war richtig wütend. Das Fell auf seinem Rücken sträubte sich.
Die drei Kätzchen waren bestürzt und verkrochen sich unglücklich in eine Ecke. Niemand hatte sie bisher so ausgescholten wie Knabberchen. Und Knabberchen schimpfte und schrie weiter. Moni und Kullerauge erschienen unten, um zu sehen, was vorgefallen war. Moni hatte aufgehört zu weinen, aber

Die Schachtel mit den glücklichen Leuten

Es war der erste Tag der langen Sommerferien, und es regnete draußen.
Moni war so enttäuscht. Sie wollte mit Freunden zum See hinuntergehen. Kullerauge plante, eine Freundin zu besuchen. Aber bei dem Wetter würde ihr Gefieder naß werden, und das wollte sie nicht. Knabberchen hatte sich vorgenommen, beim Himbeerstrauch ein Sonnenbad zu nehmen.
Moni war mit Mama einkaufen gegangen und ließ Knabberchen und Kullerauge gelangweilt zu Hause zurück.
Es würde wieder einer von diesen langen Tagen geben. Knabberchen fühlte es im Fell, und Kullerauge fühlte es in den Federn. Sie hatten nichts zu tun und konnten sich auf nichts einigen. Bald begannen sie zu streiten und zu schreien. Da hatte Kullerauge plötzlich eine Idee.
»Gehen wir zu Hasbärafflö«, schlug sie vor. (Hasbärafflö wohnte im Spielzeugschrank. Er hatte die Ohren eines Hasen, den Körper eines Bären, das Gesicht eines Affen und den Schwanz eines Löwen. Alle liebten ihn.) »Er hat viele gute Ideen. Er weiß bestimmt, was wir tun können.«

So gingen Knabberchen und Kullerauge zum Spielzeugschrank hinüber. Sie klopften.
»Herein«, rief eine sanfte Stimme. Und sie traten ein.
Hasbärafflö saß auf einem großen Kissen und las. Er las sehr viel.
»Was kann ich für euch tun?«, fragte er und legte sein Buch hin.

Kullerauge schaute Knabberchen an.
Knabberchen schaute Kullerauge an.
Und dann begannen sie beide miteinander, ihr Kommen zu erklären.
»Langsam, langsam, einer nach dem andern«, sagte Hasbärafflö. »Kullerauge, sag mir, was ich für euch tun kann.«

Kullerauge holte tief Atem. Sie erzählte vom schlechten Wetter und von der Langeweile.
Hasbärafflö schaute die beiden an.
»Ich kann euch verstehen«, sagte er. »Vor einiger Zeit ging es Moni genauso. Paps riet ihr, einige glückliche Leute zu machen.« – »Einige glückliche Leute?«, riefen Knabberchen und Kullerauge überrascht aus.
»Ja«, sagte Hasbärafflö. »Wollt ihr sie sehen? Moni hat sie vor ein paar Wochen an einem regnerischen Tag gemacht. Sie hat für sie auch eine besondere Schachtel gemacht. Nun leben sie mit uns im Spielzeugschrank.«
Knabberchen und Kullerauge waren aufgeregt und neugierig. Das tönte verlockend. Eine Schachtel mit glücklichen Leuten.
Hasbärafflö rief jemanden aus dem Hintergrund des Schrankes. Ein kleiner Affe in einer roten Jacke kam hervor. Er zog eine Mundharmonika aus der Tasche und begann, eine lustige Melodie zu spielen.
Knabberchen erkannte ihn sogleich. Er hatte für sie damals bei der Spielzeugschrank-Party gespielt.
Hasbärafflö ging zu einer großen Pappschachtel und öffnete eine Tür.
»Wollt ihr heute für uns tanzen und singen?«, rief er.
Knabberchen und Kullerauge warteten.
Sie hatten keine Ahnung, was geschehen würde.
Hasbärafflö trat zurück.
Dann traten aus der Schachtel die seltsamsten Geschöpfe, die Knabberchen und Kullerauge je gesehen hatten. Ihre Körper waren aus Joghurtbechern und die Köpfe aus Eierkarton. Sie hatten riesige Arme und Beine aus Pappkarton. Und Kleider hatten sie! In allen

Farben und Schattierungen. Sie hatten große rosarote Ohren, auf ihren Gesichtern lag ein frohes Lachen, und ihre Augen strahlten wie Sterne. Sie klatschten alle in die Hände, tanzten und hüpften im Takt der Musik. Es war herrlich anzusehen und herrlich zu hören.

»Das sind die glücklichen Leute«, sagte Hasbärafflö, »sie singen und tanzen, um uns aufzumuntern.«

Knabberchen und Kullerauge standen da und schauten zu.

Die glücklichen Leute tanzten und tanzten und klatschten und klatschten. Sie sangen und sangen und lachten und lachten. Und mitten im Tanz erschien eine große goldene Sonne und tauchte alles in ihr helles, strahlendes Licht. Die Kleider der glücklichen Leute glänzten und glitzerten noch mehr. Sie lachten noch lauter. Und mit einem Mal war der ganze Schrank mit tanzenden und klatschenden Leuten erfüllt.

Beim Anblick dieser glücklichen Leute fühlten sich Knabberchen und Kullerauge immer wohler. Sie vergaßen den Regen, die Langeweile. Sie begannen zu lachen, zu klatschen und zu tanzen. Und bald lachten und sangen sie alle zusammen!
Da steckte Moni den Kopf in den Schrank.
»Oh!«, rief sie aus. »Habt ihr meine glücklichen Leute gefunden?«
»Ja«, riefen Knabberchen und Kullerauge. »Das haben wir!«
Moni lächelte.
»Ich machte sie, als ich einmal mißmutig und traurig war, damit sie mich aufmunterten. Ich habe die Sonne gemacht, damit ich nicht vergesse, daß es nicht immer regnet.«
Doch Kullerauge und Knabberchen hörten gar nicht zu. Sie hatten den Regen schon lange vergessen. Sie tanzten und hüpften, sie klatschten und lachten mit all diesen glücklichen Leuten.

Moni hat Besuch

Kullerauge wollte ausgehen. Sie hatte ihren Schnabel poliert und die Federn geputzt. Sie sah wirklich sehr fein aus.
»Du siehst aber fein aus«, sagte Knabberchen.
»Danke«, antwortete Kullerauge. »Ich gehe heute zu unserem Jahresbankett.«
»Jahresbankett?«, wunderte sich Knabberchen. »Was ist denn das?«
»Nun ja . . .«, sagte Kullerauge langsam. Sie versuchte nachzudenken. »Nun ja, das ist ein besonderes Treffen, das einmal im Jahr stattfindet. Wir treffen uns dort mit unseren Freunden, essen unsere Lieblingsspeisen und erzählen uns die letzten Neuigkeiten. Es ist ein herrliches Fest.«
»Nur für Eulen?«, wollte Knabberchen wissen.
Kullerauge lächelte.
»Nur für Eulen«, antwortete sie. »So kann man es auch sagen. Eine Schar netter Eulen hat Ausgang.«
»Ob sie wohl einen Hamster dabeihaben wollen?«, seufzte Knabberchen.
»Ich fürchte, nein«, sagte Kullerauge. Knabberchen tat ihm leid. »Weißt du, es ist eine besondere Sippschaft; nur Eulen können mitmachen.«

»Gut«, sagte Knabberchen. »Ich werde wohl einen Hamsterverein finden müssen, dem ich beitreten kann. Viel Vergnügen, Kullerauge.«
Damit setzte sich Knabberchen auf das Bett und blätterte im Malbuch, das Moni ihm gegeben hatte. Er nahm einen Buntstift und begann das Bild eines großen Banketts auszumalen.
Kullerauge schaute eine Weile zu, dann flog sie davon, die Treppe hinunter, zur Küche hinaus zu ihrem Eulentreffen.

Knabberchen malte ruhig weiter. Er hörte die Hintertür ins Schloß fallen, und bevor er nur »Hallo Moni« sagen konnte, – denn das wollte er – war das Zimmer voll von Monis Freunden. Es waren so viele, daß sie Knabberchen fast erdrückten. Er verschwand unter dem Bett. Niemand schien ihn überhaupt bemerkt zu haben. Was war da eigentlich los?
Zuerst hörte er ein unverständliches Stimmengewirr. Seltsame Töne fluteten zu ihm unters Bett. Er verstand nichts davon. Dann hörte er jemanden Gitarre spielen. Kurz darauf stimmte Moni ein Lied an, das Uwe komponiert hatte.
Knabberchen hörte aufmerksam zu. Moni sang den ersten Vers, dann den Chorus. Er kannte das Lied so

gut, daß er gleich miteinstimmte, zuerst nur leise, dann so laut er konnte.
Plötzlich sah er eine Reihe Köpfe auftauchen. Sie hingen alle von oben nach unten.
Monis Freunde hatten ihn gefunden. Sein Singen hatte ihn verraten!
»Komm rauf, Knabberchen«, sagte Moni. »Was treibst du unter dem Bett?«

»Ich habe euch beim Singen zugehört«, erklärte Knabberchen schnell. »Ich versuchte rauszukommen, als alle deine Freunde kamen, aber ich schaffte es nicht mehr. So habe ich mich hier versteckt«.
Moni lächelte. Sie wußte, daß ihre Freunde hereingestürmt waren und Knabberchen dadurch erschreckt haben mußten. Sie hob den Hamster auf und stellte ihn ihren Freunden vor.
»Nun, Knabberchen, wir müssen weiter üben, denn wir wollen das Lied am Sonntagmorgen im Gottesdienst singen.«
Knabberchen winkte seinen neuen Freunden auf Wiedersehen und ging in die Küche hinunter, wo Mama Berger einige Kleider ausbesserte.
»Hallo, Knabberchen«, sagte sie, als sie eintrat. »Wo hast du die ganze Zeit gesteckt?«
Knabberchen erklärte es.
»Was ist denn eigentlich oben los?«, wollte er wissen. »Hat Moni ein besonderes Treffen, so wie Kullerauge?«
»Nicht ganz«, antwortete Mama Berger und fädelte einen neuen Nähfaden ein. »Moni hat einige Freunde aus der Sonntagsschule eingeladen. Sie üben ein Lied für den Sonntag ein.«
»Dann ist es also eine Art Verein«, sagte Knabberchen.
»So kann man es auch nennen«, sagte Mama Berger, »Monis besonderer Verein.«
Knabberchen dachte einen Augenblick nach.
»Kann ich dem Verein beitreten?«, wollte er wissen.
»Ich weiß nicht«, sagte Mama Berger. »Am besten fragst du wohl Moni selber.«
Und so geschah es. Als das Singen vorbei war und

Monis Freunde sich verabschiedet hatten, fragte Knabberchen Moni, ob er nicht ihrem besonderen Verein beitreten könne.
»Ja natürlich«, versicherte Moni. »Doch du mußt erst eine Prüfung ablegen.«
»Eine Prüfung?«, wunderte sich Knabberchen. »Und was für eine Prüfung?«
»Nun, wir sind eine Singgruppe«, erklärte Moni. »Du mußt also beweisen, daß du wirklich singen kannst.«
Knabberchen war sicher, daß er ziemlich gut singen konnte.
»In Ordnung«, sagte er. »Und wann geht es los?«
»Gleich«, antwortete Moni.
Und Knabberchen begann zu singen. Er sang eins der fröhlichsten Lieder, das er kannte. Und er sang wunderschön.
»Wenn du so gut singen kannst, bist du in unserer Gruppe sehr willkommen«, sagte Moni.
Und so wurde Knabberchen ein Mitglied in Monis besonderem Verein. Er ging jeden Sonntag in die Kirche, um singen zu helfen. Und es machte ihm Spaß.
So war Kullerauge nicht mehr die einzige, die was Besonderes vorhatte!

Knabberchen und die große Welt

Knabberchen und Kullerauge saßen ganz ruhig auf dem Fenstersims und betrachteten die vorbeiziehenden Wolken. Jemand sang laut unten in der Garage. Knabberchen wartete eine kleine Pause ab und sagte schnell:

»Was ist in der Garage unten los, Kullerauge?«

Kullerauge rollte ihre Augen und flatterte mit den Flügeln.

»Keine Ahnung«, sagte sie. »Aber wir können ja mal nachsehen.«

Sie spähten durch die Garagentür und sahen Uwe. Er polierte einen kleinen grauen Wagen. Er polierte mal

hier, mal dort, mal auf der Seite, mal oben. Und dazu sang er ein fröhliches Lied.

»Hallo«, sagte Knabberchen zwischen den Strophen. »Das Lied klingt so froh.«

»Warum auch nicht?«, lächelte Uwe. »Am Samstag werde ich auf die Universität gehen, und ich habe gerade genügend Geld gespart, um mir diesen Wagen kaufen zu können.«

»Auf die Universität?«, sagte Knabberchen überrascht. »Was ist das? Was wirst du dort tun?«

»Eine sehr gute Frage«, sagte Uwe. »Nun will ich versuchen, dir darauf auch eine gute Antwort zu geben.« Er legte das Poliertuch weg. »Auf der Universität studiert man. Ich möchte einmal Rechtsanwalt werden, und außerdem möchte ich mal die große Welt kennenlernen.«

Knabberchen wollte erst wissen, was ein Rechtsanwalt ist. Doch das zweite, die große Welt, klang noch viel interessanter. Deshalb sagte er: »Nimmst du uns mal in deinem Wagen mit und zeigst uns die große Welt?«

»Natürlich«, antwortete Uwe. »Sobald ich den Wagen poliert habe, fahre ich ins Dorf, um einige Briefmarken zu holen.«

Knabberchen und Kullerauge warteten geduldig auf der Bank draußen, bis Uwe mit seiner Arbeit fertig war. Dann fuhren sie los.

Knabberchen und Kullerauge setzten sich ins Heckfenster, um besser aus dem Fenster sehen zu können. Die große Welt war voller interessanter Dinge.

Die Bäume winkten mit ihren Armen, und das Gras war so grün. Sie fuhren an Telegrafenmasten, Straßenlaternen und Verkehrszeichen vorbei. Die Häuser

lachten freundlich mit ihren Fenstern. Geschäftige Menschen eilten auf den Straßen vorbei. Die Geschäfte waren mit wunderbaren Dingen gefüllt, so daß Knabberchen fast der Atem stehenblieb.

»Und das ist die große Welt?«, fragte er.

»Ja«, antwortete Kullerauge. »Und interessant ist sie.«

Und das war es auch! Es gab so viel zu sehen, zu beobachten und zu berühren.

»Wann gehst du auf die Universität?«, fragte Knabberchen, als sie bei der Post anhielten.

»Zuerst gibt es noch eine Menge zu packen«, sagte Uwe, »aber ich hoffe, daß ich am Samstagmorgen losfahren kann.«
Darüber dachte Knabberchen nach. Auch über Uwe und die große Welt dachte er nach. Während der ganzen Heimfahrt dachte er über diese Dinge nach.
»Vielen Dank«, sagte er zu Uwe, als sie aus dem Wagen kletterten. »Es war eine wunderschöne Fahrt.«
Uwe nickte und begann, die andere Seite seines Wagens zu polieren. Er war so froh, daß er Knabberchen das Dorf zeigen konnte; denn schon bald war es Samstag, und dann würde er wegfahren und ein eigenes Leben beginnen.

Der Samstagmorgen war viel schneller da, als Knabberchen es für möglich hielt. Alle Mitglieder der Bergerfamilie standen am Gartentor, um Uwe zu verabschieden. Vergnügt lud er seine Kisten und Koffer in den Wagen. Er prüfte nochmals den Motor, und schon saß er im Wagen und fuhr ab. Der kleine, graue Wagen fuhr die Straße hinunter, um die Ecke, und fort war er.
Uwe Berger war auf dem Weg in die große Welt.

Die ganze Familie kehrte ins Haus zurück. Alle schienen ungewöhnlich still zu sein.
Knabberchen eilte in Monis Zimmer und verzog sich in sein kleines Hamsterhaus. Er wollte in aller Ruhe über die große Welt nachdenken.
Er schaute die Bilder seiner Freunde an. Er schaute besonders auf das Bild von Uwe und lächelte ihm zu.
Knabberchen fühlte sich bei Bergers wirklich glücklich . . . doch die große Welt sah doch sehr verlokkend aus.
»Ich werde mir die große Welt mal gründlich ansehen«, sagte Knabberchen zu den Bildern an der Wand. »Ich möchte sie selber kennenlernen, die freundlichen Häuser und die eilenden Leute, die langen Telegrafenstangen und die Bäume, das grüne Gras und die Geschäfte mit den wunderbaren Din-

gen! Ja! Ja! Ich werde mir die große Welt ansehen. Wenn es Uwe schafft, kann ich es auch!«
Knabberchen hatte sich entschlossen!

Zu Hilfe, gefleckter Hund!

Hatte sich Knabberchen mal zu etwas entschlossen, so führte er es meistens auch aus. Er hatte sich entschlossen, Bergers Haus zu verlassen. Nicht, daß er sich nicht wohlfühlte! Er hatte sich mit niemandem zerstritten, er war auch nicht böse auf jemanden. Wenn aber Uwe sich die große Welt mal ansehen wollte, so konnte *er* es auch! Er wollte die große Welt einmal von nahem sehen.
Moni versuchte ihn umzustimmen, doch sie hatte keinen Erfolg.
Kullerauge war sehr traurig.
»Es ist sehr gefährlich«, warnte sie. »Hast du den Brombeerstrauch vergessen? Und den gefleckten Hund?«
Doch Knabberchen wollte nichts hören.
Sogar Karlchen und Inge versuchten, ihn von seinem Plan abzuhalten, doch Knabberchen hatte sich schon entschlossen.
So begannen alle, ihm zu helfen. Hasbärafflö brachte den alten Mantel eines Zinnsoldaten. Kullerauge zeichnete eine Karte. Moni machte ihm einen Ruck-

sack. Und Paps Berger schnitzte ihm einen Wanderstab. Jeder gab ihm etwas auf die Reise mit.
Und Knabberchen freute sich.
Zum Abschied versammelten sich alle Freunde am großen Loch im Gartenzaun.
Knabberchen schaute nicht zurück. Er wanderte den Pfad durch die Brombeerwildnis. Er hatte seinen Stock, seinen Mantel und seinen Rucksack bei sich.
Schneeweißchen und ihre drei Kätzchen begleiteten ihn eine kurze Strecke. Dann kehrten sie um. Knabberchen ging beim Salatbeet um die Ecke und ver-

schwand aus ihren Augen. Alle wandten sich um und gingen langsam ins Haus zurück. Ohne Knabberchen würde es nicht halb so schön sein . . .
Einige Tage vergingen. Kullerauge erhielt Nachricht von ihren Freunden, daß es Knabberchen gut ging. Er war auf dem Weg in den Finsterwald. Und mit einemmal hörten die Nachrichten auf. Die Tage vergingen, und keine Neuigkeiten trafen ein. Niemand hatte Knabberchen gesehen. Moni machte sich Sorgen. Was war bloß geschehen?
Es wurde noch schlimmer.
An einem Nachmittag kehrte Kullerauge mit Knabberchens Rucksack zurück, den Moni gemacht hatte. Er war schmutzig, zerrissen, und die Träger waren entzwei. Er war fast leer.
Am nächsten Tag kam Flinki, das Wiesel, und brachte Knabberchens Wanderstab, den Paps Berger für ihn geschnitzt hatte. Er war gebrochen, und man konnte daran Haarspuren von Knabberchens Fell feststellen.
Und zuletzt kam Simson mit Knabberchens Mantel angerückt. Dieser war voller Schmutz und Himbeerflecken.

Was war bloß geschehen? Wurde er überfallen und ausgeraubt? Wer konnte so etwas tun? Was es auch immer sein mochte, Knabberchen war verschwunden, und jemand hatte ihm seine Sachen weggenommen. Das ganze Haus machte sich Sorgen.
Das ganze Haus war traurig.
Frau Schneeweißchen forschte im Finsterwald. Simson suchte die Brombeerwildnis ab. Alle warteten aufgeregt auf neue Nachrichten.
Es kamen keine. Da hatte Kullerauge eine glänzende Idee.
»Laßt uns den gefleckten Hund um Hilfe bitten«, sagte sie. »Er kennt Knabberchens Geruch, seit er ihn in den Rhabarberblättern gerochen hat. Er kann seinen Spuren folgen.«
Und so geschah es. Der gefleckte Hund wurde um Hilfe gebeten und nahm die Spur auf. Sie führte durch den Finsterwald. Und weiter ging es durch einen halb ausgetrockneten Graben, durch ein Igelnest zu einer überhängenden Baumwurzel.
Dort fand der gefleckte Hund Knabberchen. Er war verletzt und verängstigt, aber er lebte. Knabberchen wollte seinen Augen nicht trauen, als er den gefleckten Hund erblickte. Er war so froh, jemanden von Zuhause anzutreffen, daß er sich gar nicht fürchtete.
»Oh, gefleckter Hund, bin ich froh, daß du gekommen bist. Die Räuber im Finsterwald haben mich ausgeraubt, und ich wagte aus lauter Angst nicht, mich von der Stelle zu rühren.«
Als Moni die gute Nachricht hörte, rannte sie durch den Finsterwald. Oh, sie war so glücklich! Sie hob Knabberchen behutsam auf, legte ihn auf ein weiches Kissen und trug ihn nach Hause.

An jenem Abend sangen alle laut das Willkommenslied:

»Knabberchen ist wieder da!
Knabberchen ist wieder da!
Lieber Gott, wir danken dir!
Knabberchen ist wieder da!«

Und niemand sang lauter als Kullerauge und Moni.

Die Party in der Garage

Das ganze Haus platzte vor Aufregung fast aus den Fugen.
In der Garage sollte eine Party stattfinden, zu der jedermann eingeladen war. Man wollte Knabberchens Rückkehr feiern, und Moni wollte, daß alle Hausbewohner dabeiwaren.
Die Einwohner des Spielzeugschranks waren eingeladen worden.
Die Springmäuse hatten bereits zugesagt; auch Hasbärafflö wollte kommen.
Frau Schneeweißchen und ihre drei Kätzchen freuten sich schon seit Tagen darauf.
Simson, die Schildkröte, hatte die Einladung angenommen . . . alle wollten kommen.
Moni wollte eine unvergeßliche Party veranstalten.
Alle halfen bei den Vorbereitungen mit.
Mama versprach, viele gute Sachen zum Essen bereitzustellen.
Paps wollte ein paar Lieder zum besten geben. Karlchen räumte die Garage auf und fegte den Boden.
Es würde wunderbar werden, davon war Moni überzeugt. Knabberchen würde natürlich die Hauptperson sein. Inge wusch, kämmte und bürstete ihn sorgfältig.

Frau Schneeweißchens Kinder kriegten ein Puderbad, damit ihr Fell blitzsauber war. Und Hasbärafflö verwandte viel Zeit darauf, seinen Schwanz zu bürsten.

Alle waren so froh, daß Knabberchen heil und unversehrt aus dem Finsterwald zurück war. Alle waren fertig, und die Party konnte eigentlich beginnen.

Wo steckte aber Kullerauge?

Sie war so glücklich über Knabberchens Rückkehr gewesen, daß sie Knabberchens Haus Tag und Nacht bewachte, aus Angst, daß Knabberchen wieder auf die Idee kommen könnte, auf Abenteuer auszugehen.

Und nun war Kullerauge nirgends aufzutreiben.
Zuerst machte sich Moni keine Sorgen. Doch als die Zeiger der Uhr immer näher auf zwei Uhr rückten, fragte sie sich, was geschehen sein könnte.
Endlich – fünf Minuten nach zwei Uhr – erschien Kullerauge. Sie hatte ein Paket unter ihrem Flügel. Es war in buntes Papier gewickelt und mit einem Seidenband verschnürt.
»Es ist ein Geschenk für Knabberchen«, erklärte sie.
»Er darf es erst während der Party öffnen.«
Knabberchen war schrecklich aufgeregt. Er konnte es kaum erwarten, bis die Party begann.
Endlich war es soweit. Knabberchen hatte es so eilig,

das Paket zu öffnen, daß er das Papier zerriß und sich im Seidenband verwickelte. Er war so neugierig, daß er nur so zappelte. – Es war ein Bild – ein Bild von der großen Welt.
»Mama hat es gezeichnet, und ich habe es ausgemalt«, erklärte Kullerauge. »Ich habe auf dem Boden gemalt, damit du es nicht siehst. Und ich bin erst um zwei Uhr fertiggeworden.«
Knabberchen hielt das Bild hoch und betrachtete es.
Die Bäume winkten mit ihren Ästen, und das Gras war so grün. Da gab es Telegrafenmasten, Laternenpfähle und Verkehrsschilder. Flugzeuge flogen, Schiffe und Autos fuhren. Freundliche Häuser lächelten mit ihren Fensterscheiben, die Menschen eilten durch die Straßen, und die Geschäfte waren voll von wunderbaren Dingen.

Und unter dem Bild stand ein Gedicht. Simson, die Schildkröte, hatte es verfaßt. Knabberchen las es laut vor:

»Die große Welt ist wunderbar,
viel gibt es zu entdecken.

Sie ist voll Überraschungen,
du wirst es gar nicht glauben.
Doch manchmal ist es sogar gut,
sie einfach zu vergessen
und wieder mal nach Haus' zu geh'n,
wo alle Freunde sind.«

Knabberchen schluckte. Irgendein Klumpen steckte in seinem Hals. Er schaute umher und sah seine Freunde der Reihe nach an, dann lächelte er. Er sagte kein Wort.
Da sprach Moni:
»Vielen Dank, lieber Gott, daß Knabberchen wieder zu Hause ist«, und dann in sehr bestimmtem Ton zu Knabberchen: »Da gehörst du auch hin.«
Knabberchen wußte, daß sie recht hatte.

So eine Verwirrung!

Knabberchen stand am Eingang zu Monis Zimmer. Buntes Papier und Rauschgold lagen auf dem Treppenabsatz verstreut. Überall glitzerten goldene, silberne und rote Sterne. Papierketten, Papierschlangen und Papierglocken lagen herum. Und mitten in dem Durcheinander stand Karlchen, Monis Bruder.

Knabberchen bahnte sich einen Weg durch den Papierberg.

»Was tust du denn hier?«, fragte er. Ein goldener Stern hatte sich in seinem Fell verfangen.

»Ich habe gar nicht gewußt, daß du in Monis Zimmer bist, Knabberchen«, antwortete Karlchen. »Ich suche die Schachteln mit dem Schmuck. Dann muß ich alles fein säuberlich sortieren.«

Knabberchen schaute sich das Gewirr an. »Und wozu soll das gut sein?«, wollte er wissen.
»Es ist Zeit, das Haus zu schmücken«, sagte Karlchen. »Willst du mir beim Sortieren helfen?«
Knabberchen war verwirrt. Was meinte Karlchen bloß mit »Haus schmücken?« Auf jeden Fall würde es Spaß machen, ihm dabei zu helfen.
»Ich will es versuchen«, sagte er, trat behutsam zwischen den Berg von Schmuck und begann das Durcheinander zu entwirren.
Es dauerte lange, bis der Schmuck fein säuberlich sortiert war. Karlchen packte den Schmuck in die Schmuckschachtel und ging nach unten. Knabberchen folgte ihm dicht auf den Fersen. Karlchen stellte die Schachtel gerade auf den Boden, als Knabberchen an ihm vorbei in die Küche schlüpfte.
»Paß auf!«, rief eine sehr laute Stimme. Knabberchen hatte gerade noch Zeit, sich umzudrehen und hinzusehen, als ein mit Nadeln gespickter Baum auf ihn zu fallen drohte.
Knabberchen sprang zur Wand und ließ den Baum an sich vorbeisausen. Dieser schoß an ihm vorbei in die Ecke und kam auf einen kleinen Tisch zu liegen. Die Zweige teilten sich, und Paps Bergers Gesicht tauchte auf.
»Entschuldigung, Knabberchen«, sagte er hastig, »aber ich muß diesen Baum heute morgen noch hinkriegen.« Und damit eilte er in den Garten hinaus.
Kaum hatte sich Knabberchen beruhigt, als Inge ihren Kopf zur Tür hereinsteckte.
»Ist Karlchen da?«, wollte sie wissen.
»Nein«, antwortete Knabberchen, »er ist oben in seinem Zimmer.«

»Gut«, sagte Inge hastig und rannte durch die Küche in ihr Zimmer hinauf. Als sie an Knabberchen vorbeieilte, konnte er sehen, daß sie ein Päckchen hinter ihrem Rücken versteckt hielt. Es war in glitzerndes, goldenes und rotes Papier eingewickelt.
»Was ist das?«, fragte Knabberchen; doch er bekam keine Antwort. Inge war schon oben auf der Treppe.
Und dann stürmte Uwe herein.
»Wunderbar! Wunderbar!«, rief er aus. »Endlich habe ich es geschafft!« Und damit rannte er die Treppe hinauf, immer zwei Stufen auf einmal nehmend.
Heute war aber auch ein toller Tag. Knabberchen war ganz durcheinander. Er atmete tief, schloß die Augen und zählte langsam bis zehn. Das war ein Trick, den er von Kullerauge gelernt hatte. Er war das beste Mittel gegen Aufregung.

»Eins . . . zwei . . . drei . . . vier . . . fünf . . . sechs . . . sieben . . . acht . . . neun . . . zehn . . .« Knabberchen fühlte sich schon besser.
»Was ist eigentlich hier los?«, fragte Knabberchen halblaut.
Da eilte Mama Berger in die Küche. Sie trug eine große Tasche aus Papier; darauf stand in großen, roten Buchstaben »Frohe Weihnachten«.
»Hallo Knabberchen«, sagte sie außer Atem. »Ich bin froh, diese gefunden zu haben.«
Sie hielt die Tasche hoch, daß Knabberchen sie sehen konnte. Dann ging Mama Berger in die Ecke und legte die Tasche unter den Baum.

Knabberchen schaute ihr mit erstauntem Gesicht zu.
»Was ist . . .«, begann er; doch er kam nicht weiter.
»Jetzt muß ich mich erst mal ums Essen kümmern«, sagte Mama Berger und öffnete den Backofen.
Knabberchen wußte, daß er zu warten hatte. Wenn Mama Berger sich um das Essen kümmern mußte, war in der Küche für neugierige Frager kein Platz. So machte er sich auf den Weg in Monis Zimmer.
Auf der Treppe hörte er Uwe auf seiner Gitarre klimpern. Er sang ein sehr fröhliches kurzes Lied. Die Tür

zu seinem Zimmer war geschlossen; so waren die Worte nicht ganz verständlich. Doch beim Chorus sang Uwe besonders laut und kräftig. Knabberchen konnte jedes Wort verstehen.

»Jesus Christ
ist gebor'n
dort im kleinen Stall.
Gottes Sohn
wurde Mensch!
Singt mit frohem Schall!«

Es war so ein frohes Lied, daß Knabberchen innehielt und zuhörte.
»Rätsel über Rätsel«, dachte er. »Schmuck und ein Nadelbaum. Ein geheimnisvolles Päckchen in glänzendem Papier. Frohe Weihnachten – was soll das alles bedeuten? Und ein Lied von einem Baby, das Jesus hieß!«
Knabberchen verstand nichts mehr. Er war selber ganz verwirrt!

Der Weihnachts-detektiv

»Achtung! Achtung!«, rief Moni, als sie behutsam eine kleine Leiter die Treppe hinauftrug.
Zum zweitenmal mußte sich Knabberchen an die Wand drücken.
Moni zwängte sich neben ihm vorbei.
»Willst du mir nicht helfen, unseren Raum zu schmücken, Knabberchen?«, fragte sie und stellte die Leiter in die Ecke ihres Zimmers.
»Schon wieder Dekorationen«, dachte Knabberchen, als er Moni zusah, die das Ende einer Papierkette an der Decke zu befestigen versuchte. Es sah ziemlich gefährlich aus. Wenn er Moni half, würde sie ihm vielleicht seine Fragen beantworten. Bald sah der Raum bunt und fröhlich aus. Sie machten eine Pause und bewunderten die Papierschlangen und die Ketten. Der ganze Raum schien vor lauter Fröhlichkeit zu schmunzeln.
Knabberchen wandte sich an Moni. Der Moment schien günstig zu sein.
»Was soll das alles bedeuten?«, fragte er.
»Wie meinst du das?«, sagte Moni.
»Weißt du, das Zimmer schmücken, einen Baum in die Küche bringen, und jedermann tut so seltsame Dinge. Was soll das bedeuten?«
Natürlich! Es war doch Knabberchens erste Weih-

nacht. Kein Wunder, daß er so verwirrt war. Es war so ein aufregender Morgen gewesen, daß Moni gar nicht daran gedacht hatte, ihm alles zu erklären. Sie hob Knabberchen auf und zupfte an seinen Ohren; dann drückte sie ihn an ihr Gesicht.
»Es bedeutet«, sagte sie, »daß wir alles für Weihnachten vorbereiten. Weihnachten ist ein ganz besonderer Geburtstag.«

»Oh«, erinnerte sich Knabberchen, »so wie Inges Geburtstag! Das war wunderschön!«
»Ja, und weißt du, wenn jemand Geburtstag hat, kriegt er Geschenke, und wir versuchen, ihm einen schönen Tag zu machen.«
»Und wer hat jetzt Geburtstag?«, fragte Knabberchen.
»Oh, jemand ganz Besonderes. Er hat auf der ganzen Welt Freunde, die ihn lieben und die ihn glücklich machen wollen. Er heißt Jesus Christus. Wir nennen seinen Geburtstag Weihnachten.«
Knabberchen war ganz Ohr.

»Jesus sagt, wenn wir zu anderen Leuten nett sind, ist es, wie wenn wir nett zu Ihm sind. Und darum ist sein Geburtstag besonders schön. Wir machen alle glücklich, damit Jesus einen schönen Geburtstag hat.«
»Das ist also die Ursache«, dachte Knabberchen. Hübsche Dekorationen, geheimnisvolle Päckchen und Frohe Weihnachten – alles für den Geburtstag von Jesus. Und Jesus war auch ein Freund von Moni. Jesus Christus . . . Gottes Sohn . . . Was für Namen!
»Ist denn heute Weihnachten, Moni?«, wollte Knabberchen wissen.
»Oh nein! Zuerst geschehen noch viele aufregende Dinge. Komm, laß uns in die Küche hinuntergehen.«
Uwe und Inge standen beide in der Küche und kneteten Kuchenteig. Mama Berger rollte Teig aus. Moni ging hin, um ihr dabei zu helfen.
Sie wandte sich an Knabberchen; doch der war plötzlich verschwunden. Moni guckte sich genauer um und brach in ein schallendes Gelächter aus. Knabberchen war kopfüber in die große Papiertüte unter dem Baum gefallen. Er versuchte herauszukriegen, wie »Frohe Weihnachten« aussah!
Plötzlich erschienen sein Kopf und eine Pfote. Ein aufgeregter Hamster kletterte heraus und schwenkte einen weißen Umschlag.
»Für mich! Für mich!«, quietschte er.
Tatsächlich, auf dem kleinen weißen Umschlag stand in leuchtendblauer Farbe Knabberchens Name geschrieben.
Alle umringten Knabberchen. Es war ganz still in der Küche, als Knabberchen den Umschlag öffnete und hineinschaute. Er zog ein kleines rundes Abzeichen

aus Karton heraus, an dessen oberem Ende eine Schnur durchgezogen war. Auf dem Abzeichen stand:

Hamster Knabberchen Berger
Weihnachtsdetektiv

Mama schaute zu Uwe, Uwe schaute zu Inge, und Inge schaute Moni an. Und dann schauten alle zur Tür, wo Paps stand und lächelte.

»Das ist wohl *dein* Werk«, sagte Mama. »Willst du es uns nicht erklären?«
Paps lachte.
»Nun, seit ich heute morgen den Weihnachtsbaum hereingebracht habe, ist Knabberchen ganz verwirrt. Ich dachte, daß wir ihn zum Weihnachtsdetektiv machen, damit er alles herausfinden kann. Natürlich braucht er dazu ein paar Hinweise, und jeder hilft dabei mit. Häng dir dein Abzeichen um, Knabberchen. Bist du für den ersten Hinweis bereit?«
Knabberchen hängte das Abzeichen um. Es reichte

ihm bis zum Bauch. Er beugte sich vor, um es zu betrachten. Wie wichtig kam er sich doch vor! Hamster Knabberchen Berger, Weihnachtsdetektiv!
»Hör gut zu«, sagte Paps und las den ersten Hinweis laut vor:

»Kupfertöpfe und Stechpalmen
haben etwas zu bedeuten.
Schau nach einem Stalle aus
mit besondren Leuten.«

Knabberchen wiederholte die Zeilen, bis er sie auswendig wußte. Er war Weihnachtsdetektiv und wollte alles über Frohe Weihnachten herausfinden.
Kupfertöpfe und Stechpalmen . . . er konnte kaum abwarten, bis es losging.

Knabberchen und der Stall

In der Küche unten wurde gestritten. Die Stimmen wurden immer lauter.
»Ich will nicht das Kupfer putzen. Ich bin an der Reihe, um die Stechpalmen zu holen«, sagte Moni scharf. »Du warst schließlich letztes Jahr dabei.«
»Ist nicht wahr!«, tönte es ebenso scharf von Karlchen zurück. »Du warst dabei.«
Inge machte der Streiterei ein Ende, indem sie aus ihrem Zimmer rief: »Ich mache das schon, Mama. Laß die beiden die Stechpalmen holen gehen.«
Karlchen und Moni grinsten sich einander zu und zogen sich Schuhe und Mäntel an.
»Vergeßt eure Handschuhe nicht«, erinnerte sie Mama. »Denkt an die Stacheln!«
Knabberchen rieb sein Abzeichen.
»Kann ich auch mitkommen?«, bettelte er und verkroch sich blitzschnell in Monis Manteltasche, als sie und Karlchen aus dem Haus traten.
Die Sonne schien, doch es war sehr kalt. Karlchen und Moni wußten genau, wo man die schönsten Stechpalmen fand, und bald waren die drei mit einem Arm voller glänzender Stechpalmen, an denen sich hie und da sogar ein paar rote Beeren zeigten, zu Hause.

»Wir mußten ganz schön suchen, bis wir ein paar Zweige mit roten Beeren finden konnten«, sagte Karlchen.
»Macht nichts«, tröstete Mama. »Die Zweige sehen auch ohne Beeren hübsch aus.«
Karlchen und Moni legten die Stechpalmen vorsichtig auf den Küchenboden.
Knabberchen sprang aus Monis Manteltasche heraus. Er durfte nicht beim Pflücken helfen, weil er sich leicht hätte stechen können. Jetzt sah er die Gelegenheit, die glänzenden Blätter zu berühren. Er streckte eine Pfote aus . . . und sprang mit einem Satz zurück.
»Autsch!«, schrie er und leckte seine Pfote. »Was wollt ihr überhaupt mit diesem stechenden Zeug machen?«

Inge hatte unterdessen die Teekanne und die Kaffeekanne aus Kupfer auf Hochglanz poliert. Sie glänzten und strahlten.
»Wunderbar«, lobte Mama. »So mag ich mein Kupfergeschirr. Aber die ganze Arbeit alleine zu machen, macht mir keinen Spaß. Danke, Inge, du hast wirklich gute Arbeit geleistet.«
Knabberchen stand vor der Kaffeekanne. Sie war so glänzend, daß er sich darin sehen konnte. Er drehte sich nach rechts, nach links. Wie lustig sah er doch aus! Ganz kurz und dick! Knabberchen mußte lachen.
»So, das Kupfergeschirr und die Stechpalmen haben wir schon«, sagte Mama zufrieden. »Nun brauchen wir die kleinen Figuren. Moni, unter der Treppe steht eine Schuhschachtel. Darauf steht ›Krippenfiguren‹. Sei so gut und bring sie her!«
Während Moni die Schuhschachtel suchte, half Knabberchen Mama den Tisch mit rotem Kreppapier decken. Als Mama den Tisch mit Stechpalmen schmückte, stand er in einiger Entfernung und guckte zu. Die langen Zweige wurden in die Teekanne gesteckt und die kleinen in die Kaffeekanne. Und noch immer lagen viele Zweige auf dem Küchenboden.
Mama legte viele bunte Lichter zwischen die Stechpalmen. Sie knipste den Schalter an, und die vielen Glühbirnen erstrahlten und spiegelten sich im Kupfergeschirr.
»Wie schön«, dachte Knabberchen, »das muß Kullerauge sehen«; und damit flitzte er die Treppe hinauf. Kullerauge döste auf ihrem Regal in Monis Zimmer.

»Kullerauge! Kullerauge! Wach auf! Komm und sieh, was Mama gemacht hat!«
Kullerauge öffnete erst das eine Auge, dann das zweite. Geräuschlos öffnete sie ihre Flügel und flog in die Küche hinunter. Knabberchen stolperte vor lauter Eile über seine eigenen Füße. Er wollte nichts verpassen, was in der Küche unten vorging!
»Hmmmmm«, sagte Kullerauge. »Hmmmmm.« Sie saß auf einer Stuhllehne. »Hmmmm«, und das war alles, was sie zu sagen wußte. Aber sie guckte ... guckte und guckte ... und lächelte.
»Nun aber an die Arbeit«, mahnte Mama.
»Oh, und ich dachte schon, wir seien fertig«, sagte Knabberchen.
Doch Moni war wieder da. Sie saß auf dem Boden und hatte die offene Schuhschachtel vor sich stehen. Knabberchen eilte zu ihr und schaute in die Schachtel.
»Zuerst das Jesuskind«, sagte Moni und nahm behutsam eine kleine Figur aus der Schachtel. Sie legte das Baby in ein seltsames Bett und gab es Mama.
Da spitzte Knabberchen seine Ohren: Uwes Lied kam ihm in den Sinn. »Jesus Christ ... ist gebor'n.«
Moni langte wieder in die Schachtel und fand die Figuren von Maria und Joseph. Mama stellte sie nahe beim Jesuskind auf.
Zwei Kühe, eine Ziege und ein Esel standen ebenfalls dort und blickten auf das Kind in der Krippe.
»Was kommt nun?«, fragte Moni.
»Die Hirten kamen als erste, um das Jesuskind zu sehen«, erklärte Mama. Moni fand einige Schafe und die Hirten. Einer trug ein winziges Lamm.
»Und das sind die drei Könige«, sagte Moni und

zeigte Kullerauge und Knabberchen die Figuren. »Sie trugen prächtige Gewänder und brachten Jesus Geschenke.«
Mama nahm die kleinen Figuren und stellte sie hin. Dann trat sie einige Schritte zurück.
»Da fehlt noch was«, sagte sie. Plötzlich erinnerte sie sich. Sie nahm das Bild eines Stalles, das Moni gezeichnet hatte und stellte es hinter die Figuren.
»Der Stall! Der Stall!«, rief Knabberchen aufgeregt. »Das ist der Hinweis! Ein Stall und besondere Leute.«
Er betrachtete das Jesuskind, Maria und Joseph, die Hirten und die Könige. Es waren wahrhaftig besondere Leute. Warum waren sie denn in einem Stall? Knabberchen schaute sein Weihnachtsdetektivabzeichen an. Detektive pflegen Fragen zu stellen. Auf diese Weise kommen sie den Dingen auf die Spur. Kullerauge hatte ihm ausführlich erklärt, was es hieß, ein Detektiv zu sein.

»Wurde Jesus denn in einem Stall geboren?«, wollte Knabberchen wissen.
»Ja«, antwortete Kullerauge. »Und oben im Dachbalken saß eine große, braune Eule.«
»Wirklich?«
»Nun ja . . . hmmmm . . . vielleicht«, lächelte Kullerauge.
»Warum wurde Jesus nicht in einem richtigen Haus geboren?«, forschte Knabberchen weiter.
»Nun ja . . . hmm . . .«, stotterte Kullerauge.
Doch Moni wußte es.
»In der Herberge von Bethlehem war kein Platz mehr für sie, Knabberchen, deshalb mußten sie im Stall draußen schlafen. In jener Nacht wurde Jesus geboren. Seine Mutter wickelte ihn in Windeln und legte ihn auf das Stroh in die Krippe. So haben ihn die Hirten gefunden. Sie waren genauso überrascht wie du.«
Knabberchen stand still da und betrachtete die Figuren im Stall. Da begann Moni zu singen:

»Ihr Kinderlein kommet,
oh kommet doch all!
Zur Krippe her kommet
in Bethlehems Stall.
Und seht, was in dieser
hochheiligen Nacht
der Vater im Himmel
für Freude uns macht.«

»Was für ein wunderschönes Lied«, sagte Knabberchen langsam, nachdem Moni geendet hatte.
»Es ist mein Lieblings-Weihnachtslied«, sagte Moni.

»Du bist ein guter Detektiv. Hier ist ein Bild mit den besonderen Leuten im Stall. Heb' es gut auf, du wirst es noch brauchen. Und nun der nächste Hinweis. Hör gut zu:

Der Weihnachtsbaum wird bald geschmückt
mit Kugeln, Kerzen, Sternen.
Dann ist es Zeit,
der Engel kommt.
Von ihm kannst du was lernen.«

Der Baum und der Engel

Knabberchen und Moni kamen in die Küche. Mama hatte schrecklich viel zu tun; Knabberchen und Moni wollten ihr gern helfen.
»Können wir dir nicht helfen?«, fragte Moni.
Mama hob die Hände.
»Verschwindet bloß aus der Küche und laßt mich arbeiten«, sagte sie etwas unfreundlich. Dann . . . »Monilein, es tut mir leid. Natürlich gibt es etwas für euch zu tun. Wollt ihr den Baum schmücken?«
»Oh ja«, jubelte Knabberchen aufgeregt. »Das ist die Zeit, in der der Engel kommt«, überlegte er. Er hatte den zweiten Hinweis nicht vergessen. Stolz betrachtete er sein Weihnachtsdetektivabzeichen.

»Wir werden es versuchen«, sagte Moni.
»Dann hol' mir die große Schachtel, auf der ›Christbaumschmuck‹ steht. Ich räume unterdessen das Gemüse und die Früchte weg«, sagte Mama.
Als die beiden zurückkamen, hatte Mama schon die elektrischen Kerzen an den Ästen des Baumes befestigt. Sie knipste den Schalter an.
»Oh«, sagten alle, als das Licht anging.
»Oh«, bedauerte Knabberchen, als die Lichter wieder ausgingen.
»Ich muß den Stecker leider wieder herausziehen, während ihr den Baum schmückt. Und nun viel Spaß«, sagte Mama und kehrte wieder in die Küche zurück.
Knabberchen wußte genau, wo die Kugeln, das Lametta, die Engelchen und das Engelshaar waren, hatte er doch damals Karlchen beim Sortieren geholfen. Stück für Stück reichte er Moni, und sie hängte jedes am Baum auf. Es war wunderbar.
Mama war entzückt.
»Und nun stecke noch den Engel auf die Spitze«, sagte Mama.
»Darf ich wirklich?«, fragte Moni, die ihren Ohren nicht traute. Sonst pflegte das ein Erwachsener zu tun.
»Ich reiche ihn dir«, sagte Mama.
»Der Engel«, dachte Knabberchen, »das ist der Engel, der mir etwas zu sagen hat.«
Mama hob den hübschen Engel aus der Schachtel, und Knabberchen verstand plötzlich, warum Moni so aufgeregt war. Es war ein wunderschöner Engel; aber er konnte doch nicht sprechen.
Moni stand schon auf der Leiter, als Mama ihr den

Engel reichte. Alle hielten den Atem an, bis der Engel oben an der Christbaumspitze befestigt war.
»Moni, erzähl' Knabberchen, was der Engel den Hirten verkündigte, die draußen auf den Hügeln Bethlehems ihre Schafe hüteten«, schlug Mama vor.
Moni stieg langsam die Leiter herunter und wandte sich an Knabberchen. Sie räusperte sich, damit sich ihre Worte auch wichtig genug anhörten.
»›Habt keine Angst‹, sagte der Engel. ›Ich habe wunderbare Neuigkeiten für die ganze Welt. König Jesus wurde heute nacht im Städtchen geboren!‹ Weißt du, was dann geschah, Knabberchen?«

Der kleine Hamster schüttelte seinen Kopf.
»Das wird's sein«, dachte er. »Ein echter sprechender Engel und nicht der Engel vom Christbaum.«
»Hunderte von Engeln erschienen am Himmel«, erzählte Moni weiter.
Dann wandte sie sich an Mama. »Können wir auch die anderen Engel haben?«
Mama drehte die Kerzen an.
»Siehst du all diese Lichter, Knabberchen?«, fragte Moni.
Knabberchen nickte. »Ich stelle sie mir als echte Weihnachtsengel vor. In jener Nacht jubelten die Engel in die Welt: ›Gott ist wunderbar! Er gibt allen, die ihn lieben, Frieden.‹«
Knabberchen stand still da, betrachtete die Lichter und den leuchtenden Engel an der Christbaumspitze. Moni hatte ihm von Gott erzählt. Er ist der große Schöpfer. Knabberchen wünschte, in jener Nacht bei den Hirten und den Schafen gewesen zu sein. Er hätte sie alles über den kleinen König Jesus ausgefragt.
Noch im Bett dachte Knabberchen darüber nach. Er kuschelte sich in sein warmes Bett in seinem kleinen Haus. Die Vorhänge waren nicht zugezogen. Durch die offene Tür konnte er unzählige Sterne am Himmel sehen. Knabberchens Augen fielen zu.
Er konnte die Engel sehen ... er konnte sie singen hören ...

An jedem Fenster blinken Sterne

Am nächsten Morgen wurde Knabberchen von Kullerauge wachgerüttelt.
»Eine Botschaft«, sagte sie. »Eine sehr wichtige Botschaft! Wach auf!«
Knabberchen rieb sich den Schlaf aus den Augen. Am Fußende seines Bettes lag eine Karte mit einem Engelbild.
»Leg sie zum Bild mit dem Stall«, sagte die Eule. »Nun hast du zwei Hinweise und zwei Bilder. Du hast den Engel gehört. Jetzt ist es Zeit für den dritten Hinweis.«
Knabberchen nahm sein Weihnachtsdetektivabzeichen und legte es sich um. Feierlich begann Kullerauge zu lesen:

»Ein Stern ging auf und strahlte
für weise Männer hell.
Sie kamen aus dem Osten
auf Esel und Kamel.«

Ein Stern! Nichts leichter als das!, dachte Knabberchen. Draußen gab es viele, viele Sterne. Er hatte sie letzte Nacht gesehen. Er guckte hinaus. Doch zu seiner Enttäuschung konnte er keinen einzigen Stern erblicken. Wo waren sie denn alle geblieben?

Kullerauge kicherte leise und erklärte Knabberchen alles.
Dieser seufzte. Nun mußte er den ganzen Tag warten, bis es dunkel wurde und er seinen Stern sehen konnte.
Moni arbeitete schon lange eifrig an ihrem Schreibtisch. Sie zeichnete eine Art Plan.
Endlich erhob sie sich vom Stuhl, reckte sich und ging nach unten. Knabberchen hörte die Tür ins Schloß fallen und Schritte im Garten. Moni war draußen an der frischen Luft.

Knabberchen wollte sich Monis Arbeit mal ansehen. Er kletterte auf den Schreibtisch und schaute sich um. Da lagen ein Bleistift, ein Gummi, ein Lineal und Kartonstücke. Knabberchen nahm eins davon in die Hand. Es war nichts Besonderes daran. Er legte es wieder hin und nahm ein anderes. Das war nicht viel besser. »Sehr verwirrend«, dachte Knabberchen.
Während er noch dastand und überlegte, kam Moni zurück.
»Was tust denn du auf meinem Schreibtisch?«, wollte sie wissen.
»Ich wollte mal sehen, was du tust, oder hast du etwas dagegen?«, sagte Knabberchen.
»Natürlich nicht«, antwortete Moni. »Hast du es rausgekriegt?«
»Nein«, gab Knabberchen kopfschüttelnd zu.

»Dann zeig ich's dir«, sagte Moni. Sie nahm die Kartonstücke und hielt sie zusammen.
»Und jetzt?«
Knabberchen schaute sich die Sache genauer an. Er drehte seinen Kopf nach links und nach rechts. Er trat einige Schritte zurück, um einen besseren Überblick zu haben. Doch er konnte es immer noch nicht erraten.
»Es ist ein Stern«, erklärte Moni. »Er ist noch nicht ganz fertig. Zuerst werde ich ihn zusammenkleben und dann mit Silberbronze bemalen. Es wird ein hübscher Stern werden.«
Knabberchen war gespannt. Vielleicht war das sein Stern.
Jetzt mußte er aber einige Fragen stellen!
»Wozu brauchst du diesen Stern?«, forschte er.
»Ich mache jedes Jahr einen großen Stern«, erklärte Moni. »Wir hängen ihn im Wohnzimmer auf, damit ihn alle sehen können.«
»Warum denn?«, fragte Knabberchen und dachte, daß er doch schon ein guter Detektiv war.
»Nun«, begann Moni. »Als Jesus geboren worden war, ließ Gott einen besonderen Stern scheinen, um anzuzeigen, wo sich Jesus befand. Der Stern ging im

Osten auf, wanderte über den ganzen Himmel und stand über dem Stall von Bethlehem still. Er führte weise Männer aus fernen Ländern zum Stall. Wir hängen den Stern auf und denken an Jesu Geburtstag.«
»Danke, daß du mir das alles erzählt hast«, sagte Knabberchen. »Nun habe ich doch das Problem mit dem Stern gelöst. Jetzt kann der nächste Hinweis kommen, ich bin bereit. Ich bin bestimmt schon ganz nahe an das ganze Geheimnis herangekommen.«
Bald hatte Moni ihren Stern fertig. Sie warf alle übrigen Kartonstücke in den Papierkorb und ging stolz mit dem glänzenden Stern nach unten. Sie hängte ihn ins große Fenster im Wohnzimmer. Er sah wunderschön aus.
»Du hast aber dieses Jahr einen besonders hübschen Stern gemacht«, lobte Mama. »Es ist der schönste, den wir je hatten.«
Moni freute sich. Sie stand am Fenster und winkte ihren Freundinnen, die gerade vorbeigingen.
An diesem Abend dankte Moni Gott für die Freude und den Spaß, den sie beim Basteln hatte. Vom Bett aus sah sie etwas im Fenster baumeln. Zuerst fürchtete sie sich, dann sah sie, was es war. Es war ein Stern. Er war zwar ein bißchen mißraten, aber es war doch ein Stern.
»Knabberchen!«, rief sie. »Hast du den Stern ins Fenster gehängt?«
»Ja«, gab Knabberchen zu. »Kullerauge und ich haben den ganzen Tag hart gearbeitet und viele Sterne gemacht. Wir haben in jedes Fenster einen Stern gehängt.«
»In jedes Fenster?« Moni war überrascht.

»Aber sicher«, sagte Knabberchen. »Wir denken doch nicht nur im Wohnzimmer an Jesu Geburtstag, oder?«
»Nun . . . natürlich nicht«, lächelte Moni.
»In jedem Zimmer hängt ein Stern«, sprach Knabberchen weiter. »Wir denken im ganzen Haus an seinen Geburtstag. Er kann kommen und in jedem Zimmer wohnen.«

Moni kicherte, griff in ihr Kissen und zog eine kleine Karte mit einem Stern heraus.
»Das ist für dich, du kleiner Detektiv«, sagte sie. »Du hast so viele Sterne gemacht. Leg' die Karte zu den anderen; und jetzt gebe ich dir den vierten Hinweis:

Briefe und viele Karten
kommen zur Weihnachtszeit.
Sie bringen Grüße von Freunden.
Für dich sind auch welche dabei.«

Knabberchen wiederholte die Worte leise, bis er sie auswendig wußte. Dann schlief er ein. Er würde sie bestimmt nicht mehr vergessen.

Grüße von Freunden

In Bergers Haus war so viel los, daß Knabberchen froh war, endlich eine ruhige Ecke gefunden zu haben. Er saß auf der Fußmatte hinter der Tür. Niemand schien dorthin zu kommen.
Kullerauge saß neben ihm. Sie saß wie immer da, dachte nach und beobachtete alles. Sie liebte es, einfach dazusitzen, zu denken und zu gucken. Darin war sie besonders groß.
Plötzlich raschelte und plumpste es. Und bevor die beiden »Piep« sagen konnten, saßen sie bis zu den Ohren in Briefumschlägen. Es waren kleine und große, dicke und dünne, braune und weiße. Umschläge, wo man nur hinsah . . .
Knabberchen und Kullerauge arbeiteten sich aus dem Briefhaufen heraus, als sie Schritte auf der Treppe hörten.
»Die Post!«, rief Moni, und Mama kam aus der Küche gelaufen.

»Die Post!«, rief Uwe, und Inge hörte auf, Gitarre zu spielen.

»Die Post!«, schrie Karlchen, und Paps hörte auf zu schreiben.

Die ganze Familie hatte sich unterdessen bei der Haustür versammelt. Moni hob die Briefe auf, und Knabberchen und Kullerauge waren endlich befreit. Moni las vor: Mama Berger, Paps Berger, Inge, Uwe, Kullerauge. Ein Brief nach dem andern händigte sie aus. Alle waren beschäftigt, die Briefe zu öffnen und zu lesen. Einer nach dem andern ging in die Küche und legte die Briefe in eine besondere Schachtel. Mama wollte später alle Briefe im Wohnzimmer aufhängen.

Knabberchen stand bei Kullerauge. Diese hatte eine Karte unter den Flügel geklemmt.

»Jaja«, sagte sie langsam. »Er vergißt mich nie.«

Knabberchen wartete. Ein Weihnachtsdetektiv mußte doch herauskriegen, was all diese Karten zu bedeuten hatten. Kullerauge betrachtete ihre Karte. Zuletzt konnte Knabberchen nicht mehr warten.

»Von wem ist sie, Kullerauge?«, fragte er neugierig.

Kullerauge hörte auf, mit dem Kopf zu nicken und hielt Knabberchen die Karte hin. Darauf war eine prächtige Eule abgebildet.

»Das ist Krummschnabel«, erklärte Kullerauge. »Er ist mein bester Freund und wohnt drüben im Jägerwald. Jedes Jahr schickt er mir zu Weihnachten ein Bild von sich. Wir kennen uns schon seit vielen Jahren.«
Knabberchen fand diese Idee prima. Er war zwar ein bißchen traurig, daß er keine Karte bekommen hatte, doch er ließ sich nichts anmerken.
Kullerauge wies auf den Text unter dem Bild hin.
»Lies vor, Knabberchen«, sagte sie. Und Knabberchen las laut vor:

»Der lieben Freundin Kulleraug'
wünsch ich ein frohes Fest
und daß die Weihnachtsfreude dich
auch nachher nicht verläßt.«

»Er hat es selbst gedichtet«, sagte Kullerauge voller Stolz. »Jede Weihnachten schreibt er ein neues Gedicht. Ich schreibe ihm auch eine Karte und wünsche ihm Frohe Weihnachten.«
»Eine tolle Idee«, dachte Knabberchen. »Entschuldige Kullerauge«, sagte er höflich. »Ich habe noch etwas zu erledigen.« Und schon war er auf dem Weg in Monis Zimmer.
Wie froh war er, daß Moni nicht da war! Er brauchte ihren Schreibtisch. Er setzte sich hin, nahm einige Bogen weißes Papier und begann zu zeichnen. Einoder zweimal knüllte er das Papier zusammen und warf es in den Papierkorb. Dann begann er von neuem zu zeichnen. Es dauerte lange, bis er zufrieden war. Es war ein Bild von ihm.
»Nun muß ich es noch ausmalen«, murmelte er vor sich hin.

Er fand Monis Buntstifte und machte sich an die Arbeit. Er mußte sehr sorgfältig und vorsichtig malen, damit er nicht über die Linien hinausfuhr. Aber endlich war es doch geschafft. Er lehnte sich zurück und betrachtete sein Werk. Es war ein sehr schönes, buntes Bild von Hamster Knabberchen Berger, und es gefiel ihm sehr.

»Und nun das Gedicht«, sagte er zu sich. Er lehnte sich zurück und machte seine Augen zu. Es dauerte sehr lange, und er brauchte sehr viel Papier. Doch zuletzt war er zufrieden. Er schrieb das Gedicht fein säuberlich unter das Bild:

»Der Heiland hat Geburtstag!
Welch eine schöne Zeit!
Und diese Karte sagt dir,
ich denke an dich heut'.«

Knabberchen zeichnete und schrieb noch viel mehr. Er arbeitete den ganzen Nachmittag und den ganzen Abend. Als er fertig war, war er müde, aber glücklich. Und das war auch die ganze Bergerfamilie, als am nächsten Morgen die Post kam . . . Jeder hatte eine Karte von Knabberchen, und alle freuten sich sehr darüber.

Doch da wartete noch eine andere Überraschung. Als alle ihre Karten geöffnet hatten, lag noch ein Umschlag auf der Matte.
»Dein Name steht darauf, Knabberchen«, sagte Moni. »Öffne ihn!«
Knabberchen war so aufgeregt, daß Moni ihm dabei helfen mußte. Im Umschlag steckte nicht nur *eine* Karte, es waren *drei* Karten. Die erste Karte war eine

gewöhnliche Weihnachtskarte von Moni. Es war ein Bild von Mama und Paps, Inge, Uwe und Karlchen, Kullerauge und von Moni natürlich.
Auf der zweiten Karte war ein Weihnachtsbild zu sehen, und sie trug den Vermerk: »Für Knabberchen, bitte aufheben.« Und auf der dritten Karte stand: »Für den Weihnachtsdetektiv: Hinweis Nummer fünf.

Alle Weihnachtslieder
berichten von dem Kind,
das dort im Stall geboren
und uns den Frieden bringt.«

Nun hatte Knabberchen schon vier Bilder und fünf

Hinweise. Herrlich! Und dann erst Knabberchens Karten! Mama hing jede einzelne im Wohnzimmer auf. Da war Knabberchen sehr glücklich und stolz.

Knabberchen und der Musikkasten

Knabberchen wollte gerade ausgehen. Moni hatte ihm versprochen, ihn zum Singen mitzunehmen. Sie wollten alten Leuten, die auf dem Hügel oben wohnten, Weihnachtslieder vorsingen. Knabberchen mußte auf die Weihnachtslieder achtgeben; so stand es im Hinweis. Und deshalb wollte er nicht zu Hause bleiben.

Es wurde viel geübt. Karlchen hatte mit Uwe und Inge gesungen. Sie hatten Uwes neues Weihnachtslied eingeübt und sangen es sehr gut. Moni war frühmorgens ein- oder zweimal aufgewacht und hatte an das Lied gedacht, das sie in der Kirche singen mußte.

Paps summte die Melodie von »Kommet, ihr Hirten«, und Mama übte die hohen Noten von »Herbei, oh ihr Gläubigen«.

Sogar Kullerauge versuchte zu singen.

Alle waren in bester Singlaune, und Knabberchen paßte besonders gut auf die Texte auf.

Und dann geschah etwas sehr Ärgerliches.

Ein lärmender Musikkasten tauchte plötzlich auf! Knabberchen wußte nicht genau, woher er so plötzlich kam.

Es war ein langer Kasten mit schwarz-weißen Tasten an dem einen Ende und vielen runden Knöpfen an

dem anderen Ende. Und dazwischen sah man viele Falten. Meistens war der Kasten kurz; doch wenn ihn Mama in die Hände nahm, wurde er sehr lang. Mama zog daran und preßte ihn wieder zusammen. Sie legte eine Hand auf die schwarz-weißen Tasten an dem einen Ende und drückte mit der anderen Hand die Knöpfe an dem anderen Ende. Der Kasten begann zu singen. Mama und der Musikkasten konnten das sehr gut zusammen. Alle stimmten mit ein. War das ein Spaß!

Doch der Musikkasten machte viel Lärm, und der Weihnachtsdetektiv konnte die gesungenen Worte nicht mehr verstehen; und deshalb mochte er den Musikkasten nicht.

Knabberchen beschloß, den Kasten zum Schweigen zu bringen.

»Ich werde ihn zusammenkleben«, dachte Knabberchen bei sich, »dann wird er keinen Ton mehr von sich geben können.«

Knabberchen eilte in Monis Zimmer und kletterte auf den Schreibtisch. Die Tube Klebstoff lag genau dort, wo er sie vermutet hatte. Knabberchen packte sie und drückte. Einige Tropfen fielen auf den Schreibtisch.

»Gut, das wird genügen«, dachte Knabberchen. »Wo ist dieser laute Kasten?«
Er ging die Treppe hinunter und schnurstracks ins Wohnzimmer. Dort stand der Kasten in einer Ecke und ruhte sich aus.
Knabberchen packte ihn und zog daran. Ein lautes »S-k-w-a-r-k« ertönte. Entsetzt sprang Knabberchen auf. Moni erschien an der Tür.
»Was tust du mit meinem Klebstoff?«, fragte sie streng.
Sie kam in die Ecke und nahm ihm die Tube weg.
»Knabberchen«, schalt sie, als sie entdeckte, was er vorhatte. »Hast du etwa Klebstoff an den Musikkasten gestrichen? Das ist aber nicht schön! Was soll denn das?«
Knabberchen schaute auf den Boden und scharrte mit den Füßen. Jetzt tat es ihm sogar ein bißchen leid,

auf die Idee gekommen zu sein. Die übrigen Familienmitglieder standen um ihn herum und warteten auf eine Antwort.
»Dieser dumme Musikkasten macht zuviel Lärm«, sagte er. »Wenn ich den Text nicht verstehen kann, werde ich nie hinter das Geheimnis kommen. Ich dachte, wenn ich ihn zusammenklebe, wird er nicht mehr singen können.«
Es folgte eine Pause. Dann gab es ein großes Gelächter.
»Guter Knabberchen«, sagte Moni, »du nimmst aber dein Amt als Weihnachtsdetektiv wirklich ernst. Mach dir mal keine Sorgen! Du darfst den Musikkasten nicht zusammenkleben, wir brauchen ihn für die Weihnachtslieder. Laßt uns noch einige Lieder singen, bevor wir gehen.«
Und so geschah es. Alle sangen, sangen und sangen. Mama und der Musikkasten sangen am lautesten. Zuerst war es Knabberchen nicht nach Singen zumute, doch bald sang er fröhlich mit. Als sie geendet hatten, ging er zum Musikkasten.
»Es tut mir leid«, entschuldigte er sich. »Ich verspreche dir, daß ich heute abend besonders gut singen werde. Du wirst stolz auf mich sein können.«
Und der Musikkasten quietschte:
»Davon bin ich überzeugt.«
Knabberchen sang an jenem Abend wirklich wunderschön. Und er gab sich auch Mühe, die Worte zu verstehen. Auch das war ein Weg zu »Frohe Weihnachten«.

Lauter Geheimnisse

Knabberchen fand den nächsten Hinweis sehr schnell. Hinter dem Vorhang im Flur lag eine kleine Karte auf dem Fensterbrett. Darauf waren die Weihnachtssänger und der Musikkasten abgebildet. Bei der Karte lag ein Blatt Papier mit einem Vers. Knabberchen konnte ihn leicht lesen:

»Es raschelt so geheimnisvoll
in Kästen und in Schränken.
Wir wollen uns'ren Freunden doch
zu Weihnachten was schenken.«

Die Familie war ausgegangen; doch die Nähmaschine im Schlafzimmer von Mama und Paps surrte ununterbrochen.
Knabberchen stieß die Tür auf und spähte hinein.
»Oh, du bist es, Knabberchen«, sagte Mama. »Komm 'rein und mach' die Tür zu. Ich habe schon befürchtet, daß Moni bei dir ist.«
Das klang sonderbar, doch Knabberchen ließ sich nichts anmerken.
»Kannst du ein Geheimnis behalten?«, fragte Mama.
Knabberchen spitzte die Ohren. Geheimnis, Geheim-

nis, das hatte doch was mit »Frohe Weihnachten« zu tun?!
»Ja«, sagte er eifrig und zog die Tür hinter sich zu. Mama winkte ihn zu sich, damit sie ihn hochheben konnte.
»Da«, sagte sie und setzte ihn auf weichen, blauen Stoff. Sie beugte sich zu ihm nieder.
»Siehst du«, flüsterte sie. »Ich nähe zu Weihnachten ein Kleid für Moni. Ich hoffe, daß es ihr gefallen wird. Ich brauchte so lange, bis ich diesen Stoff fand. Gefällt er dir?«
Und ob er Knabberchen gefiel! Blau war seine Lieblingsfarbe. Und wie weich der Stoff war!
»Ich glaube, ich weiß, welche Kleider Moni besonders gern mag«, sagte Mama.
»Kleider wie dieses?«, fragte Knabberchen und zeigte auf Monis Schulkleid, das auf dem Stuhl lag.
»Eigentlich nicht«, antwortete Mama. »Ich brauche es nur für die richtige Größe. Du wirst doch mein Geheimnis nicht etwa ausplaudern, oder? Also kein Wort davon, bis Moni das Paket am Heiligen Abend öffnet! Ehrenwort?«
Knabberchen nickte: »Ehrenwort.« Er kam sich sehr wichtig vor. Mama hatte ihm ein Geheimnis anvertraut. Er trat zurück, damit sie weiterarbeiten konnte und schaute ihr dabei zu. Wie flink sie war! Wie klug, daß sie solch schöne Dinge nähen konnte! Sie arbeitete an einem Geheimnis, das Moni Freude machen sollte. Auch Jesus würde sich darüber freuen. Hatte es Moni nicht so gesagt?
Die Nähmaschine surrte und surrte. Die Schere machte »schnipp« und »schnapp«, und von Zeit zu Zeit hörte man Mamas »Oh«.

Knabberchen war ganz still geworden. Nach einer Weile sah sich Mama nach ihm um.
»Oh«, sagte sie wieder. Doch dieses Mal tönte das »Oh« anders.
Tränen kullerten über Knabberchens flauschige Hamsterwangen und tropften auf den Tisch.
»Warum bist du so traurig?«, fragte Mama teilnahmsvoll.
»Ich möchte Moni auch ein Kleid nähen«, schluchzte Knabberchen. »Ich möchte auch eine Weihnachtsüberraschung für sie haben.«
»Aha«, sagte Mama. Es war ein sehr verständnisvolles »Aha« und kein »Oh«. Dann legte sie ein Blatt Papier vor Knabberchen auf den Tisch. Auf das Papier stellte sie eine Schachtel mit winzigen, bunten Perlen und eine Tube Klebstoff. Dann holte sie ein rundes Schildchen. Auf der einen Seite stand »Herr Berger«, und auf der anderen Seite war eine Sicherheitsnadel befestigt.

»Paps hat dieses Abzeichen letzte Woche getragen«, erklärte Mama, »damit die Leute seinen Namen wußten. Jetzt braucht er es nicht mehr.«
Knabberchen hatte aufgehört zu weinen. Er schaute und hörte gut zu. Sein Gesicht wirkte immer erstaunter.
»Monis Weihnachtskleid braucht eine prächtige,

bunte Brosche«, fuhr Mama fort. »Möchtest du ihr eine machen?«
»J-a-a-a«, antwortete Knabberchen zweifelnd. »Ich möchte schon, aber ich kann nicht.«
»Doch, doch, das kannst du, mein kleiner, kluger Freund.«
Knabberchen war überrascht.
»Wirklich?«
»Nimm einige von diesen winzigen Perlen und klebe sie auf die eine Seite des Abzeichens, bis man Paps Name nicht mehr sehen kann.«
Das brauchte man Knabberchen nicht zweimal zu sagen. Bald war er mit dem Sortieren und dem Aufkleben der bunten Perlen beschäftigt.
Mama schaute eine Weile zu, lächelte zufrieden und kehrte wieder an ihre Arbeit zurück. Knabberchen war ganz bei der Sache. Er wählte die Perlen sorgfältig aus und klebte sie auf. Nach einer halben Stunde war von einem Abzeichen nichts mehr zu sehen, nur glitzernde Perlen, die ein wunderschönes Muster ergaben. Knabberchen hielt die Brosche vor sich hin.

»Mama!«, rief er. »Wie gefällt dir das?«
»Oh, Knabberchen«, sagte sie. »Das ist aber reizend.«
Sie nahm die Brosche und legte sie auf den Kleiderstoff.

»Guck mal, sieht sie nicht wunderschön aus? Moni wird sich riesig freuen.«
Knabberchen sagte nichts. Er war ja so glücklich.
»Wenn ich jemanden glücklich mache, freut sich Jesus auch«, sagte Knabberchen. »Frohe Weihnachten, Moni; schönen Geburtstag, Jesus«, fügte er träumend hinzu.
»Nun aber rasch! Ich höre schon den Wagen draußen!«, rief Mama. »Wir legen die Brosche auf Watte in eine hübsche Dose.«
»Und wohin mit der Dose?«

»Hier in diese Schublade; und sobald wir wieder allein sind, kannst du sie in hübsches Weihnachtspapier einwickeln und in die große Tüte unter dem Weihnachtsbaum stecken.«
Diese Idee gefiel Knabberchen.
»Danke, Mama«, sagte er.
»Versuche Moni noch zehn Minuten hinzuhalten«, bat Mama.
Knabberchen flitzte hinaus und machte die Tür hinter sich zu. Auf der Treppe begegnete er Moni und stellte sich ihr in den Weg.
»Was hast du gekauft?«, wollte er wissen.

»Oh, gar nichts«, antwortete Moni. »Was hast *du* denn gemacht?«
»Oh, gar nichts«, sagte Knabberchen und zerrte Moni die Treppe hinunter.
»Nun weiß ich, warum niemand etwas in der Weihnachtszeit verraten will«, dachte Knabberchen. »Jeder hat Geheimnisse.«
Kullerauge flog gerade in den Flur. Sie kehrte von einem geheimnisvollen Ausflug zurück.
»Hallo, Kullerauge!«, rief Knabberchen. »Wo hast du bloß die ganze Zeit gesteckt?«
»Oh, nirgends«, antwortete Kullerauge. »Überhaupt nirgends.«

Die Reise auf dem Mondstrahl

Knabberchen hatte seinen letzten Hinweis erhalten. Mama hatte diesen mit dem allerletzten Bild, auf dem ein geheimnisvolles Weihnachtspaket abgebildet war, gegeben.

»Die Nacht vor'm Heiligen Abend
ist eine besondere Nacht,
in der man weltweite Reisen
auf einem Mondstrahl macht.«

Nur noch eine Nacht und einen Tag, dann würde er endlich wissen, was »Frohe Weihnachten« bedeutete. Doch jetzt schlief er fest und tief. Er träumte und hörte den Mondstrahlen zu, die durch's Fenster fielen.
»Willst du mit uns kommen?«, fragten sie flüsternd. »Wir können dich überall hinbringen.«
Knabberchen wollte nur an einem einzigen Ort sein: In Bethlehem. Dort wurde Jesus geboren. So hatte es Moni ihm erzählt.
»Spring auf, spring auf!«, riefen die Mondstrahlen. »Gleich geht's los! Und bevor du bis drei zählen kannst, sind wir schon dort.«
Und Knabberchen sprang auf den nächstliegenden

Mondstrahl. Er setzte sich, sie starteten und fuhren durch den nächtlichen Himmel. Bald sah er ein seltsames Licht im Dunkeln leuchten. Es wurde langsam größer und deutlicher. Es war ein strahlender Stern; der schönste Stern, den er je gesehen hatte. Es sah aus, als hinge er in einem Fenster ohne Rahmen. Sie kamen näher und näher. Unter dem Stern lag ein stilles Städtchen am Abhang eines Hügels. Mitten im Städtchen stand eine Herberge, deren Lichter die Dunkelheit erhellten. Hinter der Herberge stand ein Stall.

Knabberchen wußte, daß er den Stall schon mal gesehen hatte. Die Stalltür stand einladend offen. Drinnen brannte ein Licht.

In der Nähe der Wand stand ein Esel. Ein sanftäugiger Ochse schaute in eine kleine Holzkrippe. Darin lag ein neugeborenes Kind, fest eingewickelt gegen die Kälte.

Maria, seine Mutter, saß daneben und lächelte es an. Joseph, Marias Mann, stand im Schatten neben dem Esel. Seine Hände sahen kräftig aus. Er war ein Zimmermann.

Hoch oben in den von Spinnenweben bedeckten Balken saß eine weiße Taube und gurrte dem Kind in der Krippe ein Schlaflied.

Jesus lag in der Krippe und lauschte.

Knabberchen war entzückt. Er trippelte zum Esel hinüber. Er brauchte keine Fragen zu stellen, er konnte nur zuhören.

»Ich trug ihn nach Bethlehem«, sagte der dunkelbraune Esel. »Maria ist auf mir geritten.«

»Ich ließ ihn meinen Stall haben«, sagte der sanftäugige Ochse.

Auf den Zehenspitzen ging Knabberchen zur Krippe hinüber und schaute hinein. Das Kind schien zu lächeln.

Plötzlich verdunkelte sich das Licht, und Schatten fielen auf das Stroh. Starke Männer mit wettergebräunten Gesichtern waren eingetreten. Es waren Hirten. Sie waren den Hügel hinunter ins Städtchen

geeilt; ein Engel hatte ihnen eine Botschaft gebracht. Als sie das Kind sahen, wurden sie ganz still.
Der Wirt kam und brachte Maria und Joseph etwas zu essen.
»Wie nett«, dachte Knabberchen. Niemand sonst schien es bemerkt zu haben. Alle standen um die Krippe herum und bestaunten das neugeborene Kind. Knabberchen begann zu singen:

»Jesus Christ
ist gebor'n
dort im kleinen Stall.
Gottes Sohn
wurde Mensch!
Singt mit frohem Schall.«

Knabberchen sang und sang und sang. Er sang so laut, daß Moni aufwachte. Sie drehte sich um und fuhr Knabberchen mit dem Zeigefinger über den Bauch.
»Schlaf, Knabberchen«, sagte sie. »Bald ist Heiliger Abend.«

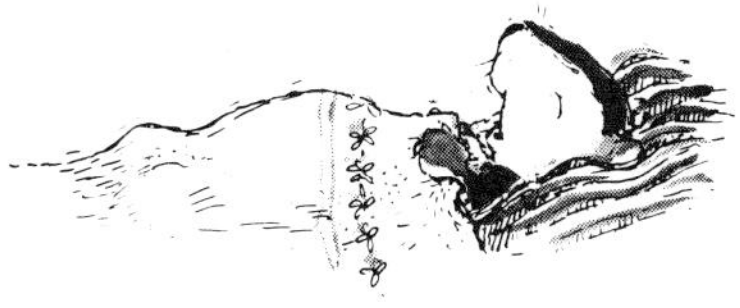

Knabberchen findet »Frohe Weihnachten«

Am anderen Morgen war Knabberchen schon sehr früh wach. Moni weckte ihn auf. Sie war ganz aufgeregt. Kullerauge saß blinzelnd auf ihrem Regal über der Tür.

»Frohe Weihnachten!«, rief Knabberchen.

»Frohe Weihnachten«, kicherte Kullerauge.

»Frohe Weihnachten, Jesus«, sagte Moni und schmunzelte.

»Es ist erst fünf Uhr morgens!«, rief Mama aus dem Schlafzimmer; doch überall brannte schon Licht, und alle waren hellwach.

Noch hieß es lange warten. Einen ganzen Tag lang.

Erst nach dem Nachtessen wurden die elektrischen Kerzen angezündet und die Geschenke ausgepackt. Sie wurden alle aus der großen, weißen Papiertüte unter dem Weihnachtsbaum hervorgeholt. Was für eine Aufregung! Und all diese Überraschungen! Und dann waren alle Geschenke ausgepackt.

»Nun, wer hilft Knabberchen, ›Frohe Weihnachten‹ zu finden?«, rief Paps, als sich die erste Aufregung etwas gelegt hatte.

Knabberchen trug immer noch sein Weihnachtsdetektivabzeichen, das ihm bis zum Bauch reichte.

»Darauf habe ich die ganze Zeit gewartet«, dachte Knabberchen.

»Ich hoffe, daß du die Karten aufbewahrt hast, Knabberchen«, begann Paps.

»Oh ja«, antwortete Knabberchen. »Sie liegen alle in meinem Haus.« Damit eilte er nach oben. Sieben Hinweise und eine ... zwei ... drei ... vier ... fünf ... sechs Karten: der Stall mit den besonderen Leuten war Nummer eins, der Engel – zwei, der Stern – drei, die Weihnachtskarte – vier, die Sänger – fünf und das geheimnisvolle Weihnachtspaket – sechs.

»Noch eine Karte«, sagte Paps, nachdem ihm der Weihnachtsdetektiv seine Karten gezeigt hatte. »Sieben Hinweise und sieben Karten. Wer findet die noch fehlende Karte als erster?«

Moni schloß sich beim Suchen an, auch Uwe, Inge und Karlchen. Knabberchen und Kullerauge suchten zusammen. Treppauf und treppab ging's. Ganz oben und weiter unten wurde gesucht. Hier und dort wurde geguckt, hinter diesem und hinter jenem geforscht. Plötzlich erspähte Knabberchen etwas Verräterisches hinter einer Stechpalme.

»Ich hab's!«, schrie er, und alle kamen angerannt. Auf der siebenten Karte war ein Bild mit dem Kind in der Krippe.
»Der kleine König Jesus«, sagte Knabberchen. Er dachte an seine Reise auf dem Mondstrahl nach Bethlehem.
Paps legte alle Karten auf den Tisch.
»Wende sie, Knabberchen«, sagte er.
Knabberchen kletterte auf den Tisch. Auf der Rückseite der Karten waren große, rote Buchstaben gemalt, dieselben wie auf der Papiertüte unter dem Christbaum, und zwar: FR, WE, dann TEN, HE, NA, IH, und zuletzt die Buchstaben CH. Es war sehr geheimnisvoll.
»Sortiere sie, Moni«, sprach der Vater weiter.
Moni schaute Paps überrascht an. Es war gar nicht so schwer. Sie rückte die passenden Buchstaben zusammen, bis sie die Antwort gefunden hatte. Knabberchen und Kullerauge schauten ihr atemlos dabei zu.

Aus den Buchstaben entstanden die Worte »FRHE WEIHNACHTEN«.
Knabberchen, der Weihnachtsdetektiv, merkte als erster, daß da was nicht stimmte.

»Da fehlt ein Buchstabe!«, rief er aus.
»Du hast recht«, sagte Paps. »Hier ist er.« Er zog eine große Karte aus dem Buch, in dem er eben gelesen hatte. Darauf stand der fehlende Buchstabe.
»Oh«, sagte Knabberchen.
Moni lachte. »Das ist das ›O‹, und das ergänzt ›Frohe Weihnachten‹. Danach hast du die ganze Woche gesucht.«
Knabberchen sah die lachenden Gesichter um sich herum. Er schaute die Karte an und wendete sie um.

Da waren der Stall mit dem Kind in der Krippe, der sanftäugige Ochse, die Hirten und die Weisen, der Wirt, Maria und Joseph und der Esel. Am Himmel strahlte der Stern, und da war auch der Engel. Es war ein schönes Bild.
Nachdem es alle eingehend betrachtet hatten, öffnete Paps sein Buch.
»Hört zu«, sagte er und begann zu lesen. Es war die Geschichte von der Geburt Jesu.
Als er geendet hatte, unterbrach Moni die Stille.
»Ohne Jesus hätte es nie ›Frohe Weihnachten‹ gegeben«, sagte sie langsam.
Knabberchen nickte nachdenklich und nahm sein Abzeichen ab. Er wollte eigentlich fragen, warum das Kind in der Krippe »Jesus, der König« hieß. Aber das hatte noch Zeit. Jetzt mußte er erst mal richtig »Frohe Weihnachten« feiern.

Die Bibel für Kleinkinder von 3 – 7 Jahren

Tinie de Vries

VON ANFANG AN

Die Bibel für Kleinkinder
TELOS-Kinderbuch Nr. 3849,
204 Seiten, Großformat,
fester Einband, durchgehend
vierfarbig illustriert

Es spricht alles dafür, schon den ganz kleinen Kindern aus der Bibel zu erzählen und mit ihnen über die christlichen Begriffe zu sprechen. Dabei will diese für Kleinkinder entwickelte Bibel helfen.
Jede biblische Geschichte beginnt mit einer Einführung für den Vorlesenden und einer Gesprächsanregung, die den Erfahrungsbereich des Kindes aufgreift. An die Geschichte selbst schließen sich Hilfen zur Vertiefung an: Bastelanleitungen, Lieder, Singspiele u.v.m.
Eine gelungene und kindgerechte Bibel, die Kleinkinder von Anfang an erfahren läßt, daß biblische Geschichten bewegend und lebensnah sind und daß man darin Gott begegnet, der die Kinder liebt.